SEIS PARÁBOLAS DE JESÚS

MAURIZIO BOTTA, MARIANO FAZIO, GIULIO MASPERO, FABIO ROSINI, SERAFINO TOGNETTI, ILARIA VIGORELLI

SEIS PARÁBOLAS DE JESÚS

Sergio Destito (ed.)

EDICIONES RIALP
MADRID

Título original: *Paraboliamone. Riflettiamo sul senso della vita*

© 2023 *by* Edizioni Ares
© 2025 de la versión española realizada por JAVIER ARANGUREN
by EDICIONES RIALP, S.A.,
Manuel Uribe 13-15 - 28033 Madrid
(www.rialp.com)

Los textos del Evangelio están tomados de la *Sagrada Biblia.*
Universidad de Navarra. Eunsa. 2016.

ISBN (edición impresa): 978-84-321-7008-9
ISBN (edición digital): 978-84-321-7009-6
ISBN (edición bajo demanda): 978-84-321-7010-2
ISNI: 0000 0001 0725 313X
Depósito legal: M-4876-2025

Impreso en España   *Printed in Spain*
Anzos, S. L. - Fuenlabrada (Madrid)

ÍNDICE

PREFACIO
Sergio Destito

LA IDEA DE ESTE LIBRO, y del proyecto del que toma el nombre, nació un domingo tras la Santa Misa. Mientras reflexionaba sobre la *Parábola del hijo pródigo* que el sacerdote había comentado en la homilía, afloraron en mi mente algunas dudas: ¿tienen todavía las parábolas de Jesús la capacidad de asombrar y suscitar preguntas en el hombre contemporáneo? ¿Conservan todavía la fascinación y la sabiduría que tuvieron en el pasado? ¿O son ya letra muerta, pequeñas historias que ya no provocan ningún tipo de emoción en el alma humana?

Personalmente estoy convencido de que estos relatos bíblicos tan significativos tienen mucho que enseñar porque tocan temas universales como el amor, la amistad, la justicia, la compasión, el perdón, la redención, la fe y el sentido del sufrimiento y del dolor. Es decir, son muchas las personas que a través de ellas pueden

9

acceder a la sabiduría del Evangelio como lo hizo la Samaritana. Ella, sorprendida, señalaba: «Señor, no tienes con qué sacar agua y el pozo es hondo, ¿de dónde vas a sacar el agua viva?» (*Jn* 4, 11). Jesús la respondió:

—Todo el que bebe de esta agua tendrá sed de nuevo; pero el que beba del agua que yo le daré, no tendrá sed nunca más, sino que el agua que yo le daré se hará en él fuente de agua que salta hasta la vida eterna.

—Señor —le dice la mujer—, dame de esa agua, para que no tenga más sed (*Jn* 4, 13–15).

Con su capacidad de superar las barreras culturales y lingüísticas, las parábolas son instrumentos de enseñanzas universales que ayudan a reflexionar sobre el modo de enfrentarse a las dificultades y a los retos de la vida cotidiana. De ahí nació la decisión de transformar esa idea inicial en un proyecto.

Entre algunos amigos organizamos una serie de encuentros en la iglesia de San Girolamo della Carità de Roma, y pedimos a algunos autores, bien conocidos en el ámbito romano e italiano, que escogieran una parábola y la comentaran.

Se eligieron a los ponentes por su experiencia en la predicación y por su capacidad de hacerse con la atención del público. Cada uno presentó la parábola que había escogido, ateniéndose a su estilo propio y a su propia experiencia vital, y ofreció un análisis minucioso y en profundidad del texto y de su significado. Los comentarios propuestos, de fácil comprensión al tiempo que estimulantes e interesantes, demuestran que las palabras de Jesús todavía están vivas y obran en la historia pudiendo tener un impacto significativo sobre las personas, "transformándolas", haciéndolas mejorar, y permitiéndoles influir positivamente en la sociedad en la que viven.

Las parábolas son historias atemporales, joyas escondidas, pequeñas perlas de sabiduría encerradas en relatos sencillos y familiares, que invitan a mirar más allá de la superficie, a buscar en la profundidad de nuestra alma y a descubrir la sabiduría escondida en los rincones de la vida cotidiana.

Seis parábolas de Jesús se dirige a todo el que desee profundizar en el conocimiento de estos relatos bíblicos atemporales y en su significado para la vida contemporánea. El texto, abierto a un público creyente y no creyente, puede usarse como una herramienta de estudio y de enriquecimiento personal, pero también como punto de partida para iniciativas de evangelización y apostolado.

Los autores se han propuesto la misma finalidad que Jesús: ayudarnos a reflexionar sobre el sentido de la vida y a enfrentarnos con confianza al camino de cada día.

1. LA PARÁBOLA
DEL BUEN SAMARITANO

[El prójimo para la vida eterna]

Ilaria Vigorelli

Entonces un doctor de la Ley se levantó y dijo para tentarle:

—Maestro, ¿qué debo hacer para heredar la vida eterna?

Él le contestó:

—¿Qué está escrito en la Ley? ¿Qué lees tú?

Y este le respondió:

—Amarás al Señor tu Dios con todo tu corazón y con toda tu alma y con todas tus fuerzas y con toda tu mente, y a tu prójimo como a ti mismo.

Y le dijo:

—Has respondido bien: haz esto y vivirás.

Pero él, queriendo justificarse, le dijo a Jesús:

—¿Y quién es mi prójimo?

Entonces Jesús, tomando la palabra, dijo:

—Un hombre bajaba de Jerusalén a Jericó y cayó en manos de unos salteadores que, después de haberle despojado, le cubrieron de heridas y se marcharon, dejándolo medio muerto. Bajaba casualmente por el mismo camino un sacerdote y, al verlo, pasó de largo. Igualmente, un levita llegó cerca de aquel lugar y, al verlo, también pasó de largo. Pero un samaritano que iba de viaje se llegó hasta él y, al verlo, se llenó de compasión. Se acercó y le vendó las heridas echando en ellas aceite y vino. Lo montó en su propia cabalgadura, lo condujo a la posada y él mismo lo cuidó. Al día siguiente, sacando dos denarios, se los dio al posadero y le dijo: «Cuida de él, y lo que gastes de más te lo daré a mi vuelta». ¿Cuál de estos tres te parece que fue el prójimo del que cayó en manos de los salteadores?

Él le dijo:

—El que tuvo misericordia con él.

—Pues anda —le dijo Jesús—, y haz tú lo mismo.

(*Lc* 10, 25-37)

Jesús y el escriba

San Lucas presenta la parábola del buen samaritano dentro de una discusión entre un doctor de la ley y Jesús.

El escriba era un experto en la Palabra de Dios, que escudriñaba la Torá para tratar de entender la voluntad de Dios. Como Jesús, pertenecía a un pueblo que había aprendido de su historia, hecha de siglos de relación con el Señor y de intervenciones salvíficas, que el objetivo de la Ley era dar vida, una vida feliz (*Dt* 5, 32-33). Sin embargo, el contexto en el que el evangelista nos muestra el encuentro del escriba con Jesús no es verdaderamente el de un hombre interesado en recibir una respuesta a sus inquietudes más profundas, sino que se parece más a alguien que quiere poner a prueba al Rabí venido de Nazaret, al que desafía para ver si comete algún error. Las expresiones que usa Lucas para describirlo indican que lo que motiva este diálogo es una disposición envidiosa y llena de prejuicios, más que abierta y sincera.

Lo bonito de las disputas rabínicas es que el maestro interrogado suele responder con otra pregunta. De ese modo, con dos rápidos movimientos, Jesús lo llevará directamente a la conclusión, que podría resumirse así: no se trata de saber cosas nuevas, sino de hacer todo lo indicado en la Ley, bien conocida por el escriba.

Pero en este caso, al haber sido derrotado por su propia pregunta, insiste y, de la provocación sobre qué hay que hacer para lograr la vida eterna, pasa a la cuestión sobre cómo identificar quién es el prójimo al que se debe amar. Como sabemos, Jesús cambia entonces de estrategia y le responde con un breve relato, inventado *ad hoc*, con la esperanza de dirigir a su interlocutor a formular por sí mismo el juicio que desea recibir como respuesta.

Jesús nos hace usar la mente y la imaginación, nos pone rápidamente "en situación" y gracias a su palabra nos conduce a reconocer por nosotros mismos la verdad. Este comportamiento suyo no lo narran los Evangelios sólo en lo que se refiere a las disputas con otros rabinos, sino que se presenta como su modo habitual de proceder, que en todo momento valora nuestra libertad. Jesús no da respuestas, interroga nuestro corazón, porque es ahí donde quiere que vivamos a su lado.

«MAESTRO, ¿QUÉ DEBO HACER PARA HEREDAR LA VIDA ETERNA?»

La pregunta que comienza la discusión es la que da unidad a todo el relato. Lucas nos lo hace entender con un paralelismo entre los versículos 28 y 37, en los que encontramos dos respuestas a la cuestión formulada en el versículo 25: «¿Qué debo *hacer* para alcanzar la vida eterna?». Y, tras las respuestas del escriba, las suyas: «Haz esto y vivirás», o bien: «Ve y haz tú lo mismo».

De modo que en la primera parte del relato se nos cuenta la enseñanza de Jesús en forma de discusión, y en la segunda, la narración de la parábola.

Si el propósito de la Ley era indicar el camino que conduce a la vida en plenitud, el interrogante del escriba es muy apropiado. Jesús le da pie a hacer uso de su sabiduría invitándole a escoger él mismo las "palabras" fundamentales de la Ley. La memoria del escriba hace entonces referencia a una tradición cuya huella aparece en Filón o en los demás sinópticos, y que probablemente compartían los rabinos de su tiempo, para señalar el corazón de la Ley. Cita *Dt* 6, 5 y *Lv* 19, 18, que indican respectivamente el mandato de amar a Dios con todas las fuerzas, y al prójimo. Por tanto, Jesús no añade nada, y le invita a hacer lo que ya sabe. Esto coloca al doctor de la Ley en un aprieto porque la trampa que había tendido a Jesús se vuelve contra él, pero no se da por vencido y vuelve a preguntarle con un corazón nada sincero. La segunda cuestión es todavía más difícil.

Una vez más Jesús, asumiendo la perspectiva del profesor paciente, no rechaza la mala intención y acoge al escriba en su interrogante sobre quién es el prójimo, pregunta compleja que abría la posibilidad de una casuística infinita. De hecho, lo que se debatía en las escuelas rabínicas era hasta qué grado de proximidad se debía considerar "próxima" a una persona. Algunos se referían al libro del *Levítico,* que parecía indicar como prójimo únicamente al «hijo de tu pueblo» (*Lv* 19, 18). Se excluía así de partida a los extranjeros. Para otros, todavía más selectivos, el mandamiento del amor al prójimo tenía que restringirse en exclusiva a los miembros de la propia comunidad.

Una vez más Jesús no responde a la pregunta, sino que inventa una parábola de modo que pueda ser el mismo escriba quien emita un juicio. Jesús se reserva otra vez la tarea de invitar a vivir según la respuesta del escriba, aunque en esta ocasión no sólo con mente desafiante sino con el corazón conmovido.

De este modo, llegados al inicio de la parábola del buen samaritano, sabemos que el camino de la vida pasa por la buena voluntad de amar a Dios y al prójimo, aunque todavía desconocemos cómo identificará Jesús en concreto a quién amar. La cuestión no es trivial tampoco para nosotros, pues la respuesta es el camino de la vida, el don de la voluntad de Dios, la felicidad.

«¿Y QUIÉN ES MI PRÓJIMO?»: DAR LA VUELTA A UNA PERSPECTIVA

Por sorpresa aparece en el relato de Jesús un hombre medio muerto, víctima de una emboscada, como era frecuente en el largo y solitario camino que descendía desde Jerusalén a Jericó. De él solo sabemos que yace al borde del camino.

Entran en escena otros dos personajes no demasiado diferentes entre sí. De hecho, se comportan del mismo modo en su relación con el desafortunado vagabundo: le ignoran. Dice Jesús que ambos le han visto y ambos le evitan a propósito. No se nos indica cuál puede ser la causa de su elección, porque a Jesús no le interesa darnos los motivos de su comportamiento: se limita a contarnos que hay un hombre inerme tirado junto al camino en condiciones deplorables, y un sacerdote y más tarde un levita lo abandonan allí sin hacer nada.

«En cambio, un samaritano»: el versículo 33 introduce al personaje que marcará la diferencia, el opuesto a los otros dos. Él se acerca, elige acompañarle, derrama aceite y vino para desinfectar y suavizar el dolor de las llagas, las venda, lo carga sobre su cabalgadura y le cuida, hasta el punto de dejar cubierta la cuenta al dueño del albergue para que el herido pueda terminar de curarse: paga todo lo que se debe y promete que se encargará de cualquier gasto de más a su vuelta.

Jesús no dice nada más de este samaritano. Sólo conocemos bien sus gestos, lo que hace y el sentimiento que tiene en su corazón. Movido a la compasión, conmocionado ante la visión del herido, comienza a actuar, se hace prójimo tomando la iniciativa.

Así Jesús le da la vuelta a la perspectiva de la pregunta del escriba y no le responde sobre «¿quién es mi prójimo?», sino que le plantea: «¿Cuál de estos tres te parece que ha sido prójimo de la víctima de los malhechores?».

El cambio de perspectiva es radical, y Carlo Broccardo[1] nos ayuda a considerar que Jesús ha desplazado el contenido ético, el objetivo de la pregunta, del objeto al sujeto: el doctor de la ley se ponía en el centro (sujeto) y preguntaba quién sería su prójimo, esto es, el objeto que merece recibir su amor. Por su parte, Jesús pone en el centro al hombre medio muerto (sujeto) y pregunta quién, entre todos los que lo han visto, ha actuado como prójimo. Vuelto a plantear de este modo, el problema de la proximidad no concierne a la posición del otro sino a la propia, la de aquel que se *compadece* por el otro y decide salirle al encuentro.

El Rabí de Nazaret invita al escriba a cambiar su punto de vista, y presenta ante su mirada esta nueva perspectiva. Nosotros, como el escriba, no podemos volver a ignorar esta opción.

---

[1] Sacerdote de la diócesis de Padua, biblista, profesor de la Facultad de Teología del Triveneto (Padua).

Jesús es mi primer prójimo: la lectura de los Padres de la Iglesia

Desde los primeros siglos del cristianismo este relato del samaritano en el camino a Jericó ha sido entendido y meditado como un valioso testimonio sobre sí mismo que Jesús nos ofrece para que aprendamos cómo obra y siente en su Sagrado Corazón, y podamos conocerle y reconocerle.

Al leer las páginas del Evangelio nos viene bien plantearnos cómo nos han llegado estos fragmentos literarios, de quién y con qué interpretaciones se acompañan. Necesitamos la historia de quien nos los ha hecho llegar, de las reflexiones de los comentadores que los han rescatado del olvido o de las opciones reductivas y desconcertantes de las herejías; del desarrollo de la reflexión racional que seguimos haciendo en la Iglesia, desde las primeras generaciones de cristianos, sobre el misterio de Quién es Jesús y cómo desarrolla su misión salvífica también en nuestros días. Los Padres de la Iglesia nos ayudan, ofreciéndonos la mejor luz y alimento para entender el alcance doctrinal y mistagógico[2] de la parábola.

---

[2] DRA: adj. Dicho de un discurso o de un escrito: Que pretende revelar alguna doctrina oculta o maravillosa.

Para esto podemos acudir a Orígenes, Ambrosio, Agustín, Jerónimo y Cirilo de Alejandría, por citar sólo algunos. Desde los primeros cinco siglos después de Cristo hasta hoy, sus aportaciones no solo han formado una pieza del análisis histórico—literario del texto, sino que son fuentes de la sabiduría teológica y espiritual de la Iglesia, siempre vivas, que nos permiten comprender por qué la meditación sobre esta parábola ha sido tan extensa, entusiasta y permanente.

Orígenes es el primer intérprete del sentido alegórico de la figura del buen samaritano. En su *Homilía sobre el Evangelio de Lucas* dice que «el samaritano es Cristo. (…) El samaritano que tiene piedad del hombre golpeado por los bandidos, este guardián de las almas está realmente más cerca de la Ley y los profetas y ha mostrado, con obras más que con palabras, que era el prójimo de ese hombre» (34, 3; 34, 9).

Los primeros cristianos aprendieron que Jesús les invitaba a lograr la vida eterna amando a Dios con todas sus fuerzas y haciéndose prójimo de todos, sin límites geográficos, étnicos o religiosos, sobre todo porque Él mismo así lo ha hecho con nosotros y continúa haciéndolo hoy en su vida gloriosa.

De hecho, Dios se ha hecho prójimo de toda la humanidad en el corazón de su Hijo con la encarnación. Uniéndose para siempre a la naturaleza humana desde el seno de María, el Verbo eterno del Padre nos ha convertido en sus consanguíneos. Jesús no es sólo nuestro amigo y nuestro hermano, es el nuevo Adán en el que todos podemos vivir la vida nueva del Espíritu de Dios. De modo que, amando a Jesús, amamos verdaderamente a Dios que, sobre todo, nos ama a nosotros en Jesús Dios.

Jesús puede seguir diciéndonos hoy «ve y haz tú lo mismo» porque Él nos cura de las heridas del pecado y cuida de nosotros hasta el rescate completo, pagando por cada uno con su propia persona. Es muy significativo este aspecto del samaritano pues en la metáfora económica está contenida la posibilidad de tomar como propio el lugar del otro, el "costo" del otro.

Jesús nos da su mismo Amor para amar al prójimo: no tenemos que pensar que se agotarán nuestros recursos, que ya no podremos volver a nuestras cosas, que la vida se transformará en una entrega extenuante. Llegar a ser prójimo, convertirse en tal, consiste sobre todo en descubrir la proximidad de Cristo con nosotros. Ocupar su lugar en servicio a la humanidad, convirtiéndonos nosotros mismos en prójimos, sobre todo significa conocer el Corazón de Cristo mientras transforma el nuestro en el suyo, que se conmueve. «Aquel que mostró compasión, ese fue su prójimo» (*Lc* 10, 37), respondió el escriba cuando entendió lo que quería enseñar Jesús. A Dios le interesa la transformación del corazón, el intercambio profundo de nuestro modo de sentir con el suyo.

En el siglo v Cirilo de Alejandría dijo: «Él es nuestra misericordia, puesta para el perdón de nuestros pecados» (*Comentario a Lucas*, Homilía 68). Conocer la Ley, el núcleo vivo de la Ley que abre a la vida, es conocer la Encarnación del Verbo de Dios.

Lo dice también Ambrosio de Milán (*Lc* 7, 69-70) que en el siglo iv va más allá de Orígenes y enseña que Jericó es el símbolo del mundo, y que Jesús, como el samaritano, baja de Jerusalén a Jericó para encontrarse con Adán, que está herido, perdido, y al que le han robado su pertenencia a la Jerusalén celestial por culpa del pecado. Los ladrones son el maligno y sus huestes, que rapiñan los vestidos de la gracia espiritual con los que Dios había revestido a la humanidad. Pero Jesús–samaritano "desciende" de Jerusalén, del Reino del Padre, para curar las heridas y sanar a Adán del golpe mortal por el que habría muerto junto con toda su descendencia.

También hoy Adán se encuentra en peligro de morir si no se encuentra con su samaritano.

Ocurre así cuando nuestra humanidad se ve derribada por las injusticias que sufre, por las imágenes deformes de las expectativas que idolatramos o se frustran, por las plagas que no nos permiten disfrutar de la vida recibida, de los dones regalados, de las gracias personales que florecen constantemente a lo largo del camino y que los ladrones roban y maltratan.

Adán sufre, medio muerto por sus traiciones, por lo que no puede conseguir por sí mismo, por la imagen de Dios que se ha construido con sus propias manos y por quien siente envidia y terror.

Los dos denarios con los que el samaritano paga la cura son para Ambrosio los dos Testamentos, el antiguo y el nuevo, unidos, que «llevan impresa la efigie del rey eterno» porque «con su valor se curan nuestras heridas» (7, 79).

Con su literatura sapiencial, especialmente con los Salmos, la Biblia interpreta todas las situaciones de la humanidad en nuestro mundo, tanto las de entonces como las de ahora.

Parece que el mundo cambia mucho, pero no ocurre así con la interioridad de las personas. Nos encontramos constantemente sometidos a las mismas necesidades y deseos, quizá con otras apariencias, pero sin cambios en su gramática fundamental: no queremos morir, ponernos enfermos, queremos renacer siempre; nos cansan nuestros límites y defectos, aún más los de los otros; no nos vemos suficientemente capaces, o amados, o realizados; sufrimos y carecemos siempre de algo o de alguien; nuestra apertura al infinito, a la relación, al otro, nos fastidia, nos preocupa, la querríamos disimular, llenar, resolver, e incluso cuando nos damos a los demás con sinceridad no sabemos permanecer en el presente, no somos capaces de descansar en nuestra felicidad.

«Por la misma razón —nos dice Agustín en el siglo v— nuestro Dios y Señor quiere llamarse nuestro prójimo. De ese modo, el Señor Jesucristo nos hace entender que ha sido Él quien ha ayudado a aquel hombre medio muerto tirado en el camino, maltratado y abandonado por los ladrones (...). Él está lleno de misericordia hacia nosotros, por su bondad, y por ella somos buenos los unos con los otros. Es decir, nos da misericordia para que podamos gozar de Él, y nosotros practicamos la misericordia unos con otros igualmente para gozar de Él» (*La doctrina cristiana* I, 30, 33).

Agustín había aprendido de Ambrosio, quien nos recuerda esta hermosa posibilidad: «Ya que nadie es más prójimo que aquel que curó nuestras heridas, amémoslo como Señor y también como prójimo; nada hay más cercano que la cabeza a los miembros. Amemos también a quien sea imitador de Cristo, amemos a quien se compadece de la pobreza del otro, según la unidad del cuerpo» (*Lc* 7, 84).

Por lo tanto, no moralicemos con el samaritano: aceptemos la invitación a hacernos miembros de su cuerpo para después actuar según la cercanía de Cristo con nosotros.

EL CUIDADO: UN DON PARA NOSOTROS

¿A qué nos lleva escuchar o leer hoy tales parábolas? A que cada uno siga su camino.

En este momento me viene a la memoria algo que leí siendo adolescente sobre la aparición del cuidado en mi estudio. Mi filósofa francesa preferida me enseñaba que «hay algo en nuestra alma que rechaza el verdadero cuidado mucho más violentamente de lo que la carne rechaza el cansancio. Ese algo está mucho más próximo del mal que la carne» (S. Weil, *A la espera de Dios*[3]). Me parecía un misterio, pero quizá hoy esté capacitada para comprenderlo un poco mejor.

Quizá el cuidado sea el punto más alto en el que la mente y el deseo humanos logran coincidir en un acto de pura espera. Los bienes más valiosos —sigo aprendiendo— no deben ser buscados,

---

[3] S. Weil, *A la espera de Dios*, Trotta 2009.

sino esperados: «El hombre no puede encontrarlos con sus solas fuerzas, y si se pone a buscarlos hallará en su lugar bienes falsos, ante los que ni siquiera será capaz de descubrir su falsedad».

Viviendo en este tiempo en que parece que se desmorona nuestra civilización, pienso que, si me apresuro a ofrecer interpretaciones sobre mí, el mundo y los otros, no diré sino falsedades. El que ha dicho de sí «yo soy la Verdad» (*Jn* 14, 6) se hace icono en el buen samaritano de aquel que está más próximo a nosotros que nosotros mismos, y siempre viene por iniciativa propia.

Estoy más convencida que nunca, junto a mi admirada Weil, de que el amor de Dios está hecho de cuidado, y el amor al prójimo, que es de la misma sustancia, está —ahora y siempre— igualmente hecho de cuidado.

Todos tenemos necesidad de personas capaces de ofrecernos cuidados para sanar las heridas de la condición humana. Hoy, como en los primeros siglos del cristianismo, en el samaritano y en sus gestos descubrimos el modo amable de obrar que tiene Jesús, que no impone la verdad sino que la sugiere en el corazón de quien encuentra a su paso, llevándole ante la pregunta más profunda y tomando la iniciativa, sin esperar a que le busquen. Jesús no oculta la herida, sino que responde a la necesidad con el cuidado necesario y con la proyección hacia los demás, con el camino hacia el Padre, hacia la fuente de la Vida.

El samaritano prosigue su viaje, deja atrás el encuentro con Adán, pero en ese encuentro deja la huella indeleble de su presencia, de la Vida que fortalece aún más la vida, que cura y paga ocupando el lugar de nuestra muerte.

Y en el fondo esto es lo que perdura en los cristianos: que Jesús se ha *compadecido* de nosotros.

2. LA PARÁBOLA DEL SEMBRADOR

[Sobre la Palabra que germina
en el corazón]

Fabio Rosini

Escuchad: salió el sembrador a sembrar. Y ocurrió que, al echar la semilla, parte cayó junto al camino, y vinieron los pájaros y se la comieron. Parte cayó en terreno pedregoso, donde no había mucha tierra, y brotó pronto, por no ser hondo el suelo; pero cuando salió el sol se agostó, y se secó porque no tenía raíz. Otra parte cayó entre espinos; crecieron los espinos y la ahogaron, y no dio fruto. Y otra cayó en tierra buena, y comenzó a dar fruto: crecía y se desarrollaba; y producía el treinta por uno, el sesenta por uno y el ciento por uno.

(*Mc* 4, 3-8)

El sembrador

¿Pero qué chapuza está haciendo este sembrador? En vez de sembrar de forma adecuada —y debería saber hacerlo, pues es su profesión— lanza la semilla para todas partes. ¿Por qué este método tan raro y lleno de fallos? Los estudiosos dicen que entonces se sembraba antes de arar. Eso nos deja perplejos, pero ilumina muchas analogías. La semilla se lanza siempre, sin medida y en todas direcciones: Dios «hace que se levante el sol sobre malos y buenos» (*Mt* 5, 45). ¿Quién sabe si no abrirás el corazón y te convertirás?

Lo diferencial es el terreno: nuestra actitud. La que da el ciento por uno es la misma semilla que, si cae sobre el camino, no da nada. La gracia alcanza a todos en abundancia, nadie se queda sin ella, pero llama a la puerta de nuestra libertad. Y podemos abrirle o no, ser tierra buena o piedras y espinas. «Escuchad la parábola del sembrador. Cada vez que alguien escucha la parábola del Reino y no la comprende, viene el maligno y roba lo que ha sido sembrado en su corazón: esta es la semilla sembrada a lo largo del camino» (*Mt* 13, 18-19). Tenemos que entender que esta semilla es la palabra del reino.

La semilla y la palabra presentan una analogía. No debemos olvidar que la mejor analogía de la fe es la vida misma. No recibimos la existencia "ya hecha", sino la semilla, el *código* que se desplegará en una existencia nueva. La vida se fecunda, no se fabrica, no es un concepto intelectual o un parámetro ético. Entre nosotros y Dios se produce una esponsalidad que implica el encuentro irrenunciable entre lo masculino y lo femenino, entre quien fecunda y el fecundado.

Nosotros somos lo fecundo y, si nos dejamos fecundar, la palabra de Dios nos podrá introducir en una dinámica nueva. El gran teólogo Romano Guardini decía que el hombre lleva dentro de sí una palabra de Dios que es su verdadero yo. Esta palabra de Dios que toca nuestro corazón nos revela a nosotros mismos: Dios ha puesto en mí su ADN, que yo debo acoger, convirtiéndome al mismo tiempo en ese ADN.

Fijémonos entonces en las siembras fallidas en las que, tres veces de cuatro, las semillas quedan sin dar fruto: ¿por qué? Analicemos lo específico de cada tipo de terreno.

El camino

Según Mateo, «una parte cayó a lo largo del camino; vinieron los pájaros y se la comieron» (*Mt* 13, 4).

Querría destacar algunos detalles: el verbo *katefagen* usado aquí no significa solamente "comer", sino "devorar": es un acto de rapacidad (algunos pajaritos se comportan así, aunque nos parezcan tranquilos). La rapiña es el demonio que devora esta palabra. Para entenderlo bien, su nombre, "diablo" —*diaballo*— quiere decir "el que separa". ¿Y de qué nos separa? De Dios. El maligno se encuentra ávidamente interesado en la palabra que nos puede tocar el corazón y busca a toda costa cerrarnos el camino de la salvación: «Viene el diablo y se lleva la Palabra de aquellos corazones para que no ocurra que, creyendo, se salven» (*Lc* 8, 12).

Dado que la vida se produce por la fecundación, basta con quitar la semilla y la vida desaparece. El diablo roba la semilla antes de que se reciba. Lucas mete la parábola del sembrador en un contexto en el que el problema que se plantea desde diversos puntos de vista es el de acoger o no a Jesús. Los textos del capítulo 7 que "rodean" a esta parábola (que se encuentra en el 8) hablan de personas que acogen o rechazan a Jesús.

El demonio quiere que digamos algo distinto, quizá no necesariamente malo o perverso, con tal de que no sea nuestra palabra.

«Una parte cayó sobre el camino». ¿Qué es este camino? Tenemos que atender a la explicación de Mateo: «Cada vez que uno escucha la palabra del Reino y no la comprende, viene el maligno y roba aquello que había sido sembrado en su corazón» (*Mt* 13, 19).

Hemos de tener cuidado de no tomar las cosas superficialmente, sin profundidad.

¿Pero qué culpa tiene un pobre hombre que no ha entendido? El problema está en que aquí debemos mostrarnos abiertos y dejar de ser hijos de Descartes. Es imposible aceptar un trato racional, mental, con Dios, como si bastara con escucharle y entender. Por contra, la semilla de la obra de Dios a menudo no se entiende, y es bastante normal que Dios me diga cosas que a la primera no comprendo y que, si viene el maligno, me lo impedirá. ¿Puedo pretender que Dios actúe según estos tres dedos de cerebro (como decía san Felipe Neri), que quepa todo ahí dentro? Dios siempre me dirá cosas más grandes que yo. ¿O es que los hechos de la vida sólo son verdaderos cuando los hemos entendido?

La palabra que puede fecundarme es más grande que yo porque es la obra de Dios en mí. Ahí viene la tentación: renegar de aquello que no logramos entender. En vez de dejarme transfigurar por la obra de Dios y por su palabra, la empequeñezco al tamaño de mi inteligencia. Pero ¿alguien va a la escuela solo para escuchar las cosas que ya sabe? Cada día la vida me dice cosas que todavía no he entendido, que desconozco, que son nuevas, que me sorprenden.

Lo que quiero destacar es que buena parte de nuestra vida no está equivocada: simplemente todavía no la entendemos. Pensemos en la habitual negación de la espiritualidad en nombre de un racionalismo exagerado para el que todo tiene que reducirse a lo comprensible de forma inmediata; o en ciertas profanaciones de la Escritura que pretenden explicar todo lo que se encuentra ahí escrito. Serán una imagen pobre que volverá infecunda nuestra relación con la vida. Reducir la vida sólo a la lógica es vivir sin Pascua, sin novedad, sin eternidad, sin creatividad.

¡Cuántas veces a lo largo de la historia hemos creído entenderlo todo! Pensemos en la pomposa declaración del positivismo de finales del siglo XIX: cuando todo parecía explicable bastó con introducir una mínima novedad para que todo volviera a ponerse en discusión. Intenta que un niño crezca sólo entre explicaciones racionales: ¡te lo cargas! Trata de vivir un matrimonio acudiendo solo a la lógica: ¡matas el amor! Busca vivir relaciones de amistad donde todo debe quedar claro desde la primera explicación… La realidad no funciona así, es mucho menos racionalizable de lo que podríamos pensar. Dios actúa en nosotros siempre con sorpresas, añadiendo un "además".

Entendemos mejor esta expresión en el Evangelio de Mateo (13, 19) quien —en relación con quien escucha la parábola del Reino y no la entiende— usa el verbo *sunchiemi*, que quiere decir "ser enviados", arrojados, lanzados juntos (*sun* significa junto, *chiemi* es lanzar, mandar, arrojar). Entonces, ¿por qué solemos traducirlo como "entender"? Literalmente, la traducción sería *in–tendere*: unidad de propósito, dirigirse hacia lo mismo (implica un camino). Entender algo significa dejarse llevar, ir hacia algo distinto: es decir, la unidad de propósito. La semilla que llega desafía nuestros objetivos. La palabra de Dios tiene que desafiarme siempre, y ojalá nunca deje de hacerlo.

Recibir la palabra de Dios implica ser invitados a cambiar el punto de vista. Para el hombre, el fin lo es todo; en él, la inteligencia, el *intus ligare* o el *intus legere*, suponen comprender el fin unitario y sobrenatural en las cosas. La semilla pide que cambiemos la meta. ¿Qué hace la serpiente con Eva? Le esconde la finalidad de su acción, y para eso le dice: «¡No moriréis!» (*Gen* 3, 4), le niega la verdad final de aquel suceso singular. Yo cambio de dirección cuando valoro mejor el resultado de las cosas, valoro el árbol por sus frutos (*Lc* 6, 43). La prudencia es el *pro-videre*, es decir, preguntarse acerca del fin de las cosas.

¿Por qué en ocasiones nos encontramos vacíos, deprimidos, sin felicidad, sin alegría? Porque nos han robado la finalidad de las cosas y ya no entendemos el sentido de nuestra vida. Una pareja puede perder de vista el significado del propio matrimonio negándose mil veces a seguir la verdadera vida matrimonial, el objetivo de amarse, por haberse centrado en otros objetivos, ídolos, proyectos, expectativas, anhelos, hasta que ya no saben por qué están ahí. Les ocurre a las personas que tratan de hacer una cosa, pero a la vez quieren hacer otra, y en un momento dado dejan de comprender por qué tenían que llevar a cabo esa tarea, aquel servicio, hablar con aquella persona; les aburre o se niegan a hacerlo. Cada vez que se nos roba el fin se nos roba también la vida.

Si acogemos la voluntad de Dios y caminamos según aquel propósito todo se vuelve maravilloso. Merece la pena trasladarnos al Evangelio según san Juan y contemplar la realidad de la que estamos hablando desde una perspectiva quizá todavía más explícita. Frente a los judíos que rechazan la palabra que les dirige, Jesús propone una explicación de este tipo de realidad verdaderamente impresionante: «¿Por qué no entendéis mi lenguaje? Porque no podéis prestar oído a mi palabra. Tenéis por padre al diablo y queréis cumplir los deseos de vuestro padre» (8, 43-44).

Este pasaje tiene un paralelismo increíble con el fragmento del robo de la semilla. Y es que la obra del maligno en el hombre consiste en enjaularlo entre tareas tristes, realizadas con rabia, que le hacen infeliz y le aturden con rebeldías que le van ahogando en su interior. Debemos discernir sobre nosotros mismos, sobre nuestro fin, y preguntarnos mil veces: pero ¿qué es lo que busco?

Hacernos a menudo esta pregunta sencilla nos salva, nos ilumina, nos introduce en la verdad. ¿Qué hacer con las personas en crisis, las que se destruyen, las que destrozan su propia existencia? Necesitamos iluminar el propósito de su vida, discutir sobre qué están realmente escuchando. Para recibir la palabra de Dios debemos ser conscientes de nuestras propias derivas, de hacia dónde vamos por este camino, sin ponernos en el punto de mira. Debemos apartarnos de los objetivos que nos hemos propuesto de un modo inconsciente. Porque nos hemos quedado atascados por realidades bien lejanas a lo más primordial de nuestra vida.

Pero ¿de dónde nace la obra de Dios?

Fijémonos un momento en aquel que acepta lo que no comprende de modo inmediato. No decimos que no sea necesario entender, sino que la comprensión no puede ser el filtro definitivo. La bienaventurada virgen María a menudo no comprende lo que le pasa, pero lo guarda en su corazón. Atentos: la vida divina —que no es ni siquiera un paradigma, sino la realidad de la vida en la segunda persona de la santísima Trinidad— en el seno de María nace en la virginidad; esto es, nace en la ausencia de otra semilla.

En la Misa escuchamos la palabra de Dios tras el acto penitencial, que en realidad, *en esencia*, quiere cuestionar nuestros fines. Nosotros tenemos que situarnos ante la palabra de Dios, en la medida en que la gracia nos concede hacerlo, despojándonos de lo que esperamos, pretendemos, queremos. La palabra de Dios debe descender a un corazón dispuesto a aceptar algo novedoso.

El suelo pedregoso

El segundo caso de siembra fallida es la semilla que cae en un terreno lleno de piedras. Mateo y Marcos, respectivamente en los capítulos 13 y 4, presentan muy pocas diferencias. «Otra parte cayó sobre el terreno pedregoso donde no había mucha tierra, germinó con rapidez porque no era un terreno profundo, pero en cuanto salió el sol se quemó, y al no tener raíces se secó». Lucas es más sintético: «Otra parte cayó sobre la piedra y, apenas germinó, se secó por falta de humedad» (*Lc* 8, 6), es decir, del agua necesaria para crecer.

Mateo explica que «lo que se ha sembrado sobre el terreno pedregoso es aquel que escucha la Palabra y la recibe de golpe y con alegría, pero no tiene en sí raíces y es inconstante, de modo que en el momento en que aparece un problema o una persecución por causa de la Palabra, se echa para atrás» (*Mt* 13, 30-21). Mateo coincide más o menos con Marcos (que es más antiguo). También Lucas es aquí más escueto y algo distinto: «Los que caen sobre terreno pedregoso son los que, cuando escuchan, reciben la Palabra con alegría, pero carecen de raíces; creen durante un tiempo, pero en el momento de la prueba se asustan» (*Lc* 8, 13).

Los primeros hablan de inconstancia y de la aceptación que se hace pedazos por la tribulación. Lucas en cambio dice que creen por un tiempo, pero fallan en el momento de la prueba. Los inconstantes son los *proskairoi*: hombres de un momento, "estoy en ello", pero sólo duran un instante. Hay también entusiasmo, se cree de golpe.

Por sí mismo el entusiasmo no es algo negativo, ¡al contrario! Se acepta, se valora, pero el problema está en su muerte precoz. Bajo las piedras siempre se encuentra un poco de humedad, algo de vida, alguna brizna de hierba, algún animalillo que vive entre ellas. Sin embargo, esto es superficial porque las piedras sólo acumulan un poco de humedad, que dura poco en la superficie.

Mientras que en el caso del camino las intenciones, la comprensión, se relacionaban con nuestra racionalidad, con nuestras miras, aquí nos encontramos en el ámbito de las sensaciones, de la inmediatez: se aceptan rápidamente con alegría, en la epidermis. Es lo que pasa con quien escucha la palabra superficialmente. Se siente comprometido, golpeado, emocionado, pero se queda en una lógica de percepción incompleta.

Esta perspectiva de primer impacto es un problema bastante común: se viven resacas espirituales, grandes momentos evanescentes, efímeros e inconstantes, donde lo que falta es justamente la continuidad. Basarse en la primera reacción nos lleva a menudo a hacer cosas poco sabias, poco profundas. Esaú perdió su herencia porque tenía hambre, quería comer y no le importaba ya el futuro: se jugó el futuro por el presente.

Cuando llega la Palabra de Dios sé que no viene solo para satisfacerme, para que me quede contento, satisfecho. Esto también lo hace, y la Palabra de Dios me entusiasma, pero a menudo esta fase es el preludio de una transformación que debe romper el suelo. Aquí el problema fundamental es la raíz. Las cosas sin raíz no funcionan. Una cultura que no sabe radicarse en lo que ha sucedido antes, que no sabe aprender de las épocas que la preceden, probablemente conducirá a repetir errores que habían sido superados mucho antes. Cuando la Palabra se acerca al corazón busca nuestra dimensión más profunda. Si únicamente la leemos de manera superficial no puede echar raíces en nuestro interior. Es esencial que la palabra nos haga sufrir, que nos rompa un poco el suelo, que nos desafíe y cambie nuestra relación con las cosas. Me explicaré mejor.

Si la palabra no desafía nuestros gustos, al menos en cierta medida, significa que nos deja exactamente como estábamos. Nuestros gustos determinan nuestras elecciones más de lo que solemos imaginar... Si no nos enfrentamos con nuestras apetencias no viviremos ninguna transformación, permaneceremos exactamente como estábamos. De hecho, de modo natural las etapas de la vida nos mueven a cambiar lentamente nuestros gustos. Es natural y normalmente nos beneficia.

Pero el axioma «al corazón no se le manda» es completamente falso. La publicidad nos da órdenes constantemente, las modas demuestran que tus gustos pueden orientarse. Los verdaderos sabios de nuestra sociedad son los publicistas, los que saben crear una necesidad escondida, latente, y despertar un nuevo deseo. El gusto es una mascota que hace lo que le digas, punto.

Llega la palabra y a lo mejor de primeras me atrae, pero después tienes que preguntarte qué es lo que me gusta, es decir, qué me produce entusiasmo. ¿De qué instrumento se sirve la Providencia para hacernos evolucionar hacia nuestra forma adulta y no superficial, para sacarnos de la infancia, para llevar nuestros gustos a un nivel más alto? De la tribulación.

Se dice: «El hierro se afila con el hierro, el hombre se afila con el hombre»; las tribulaciones pueden ser de orden natural, ambiental, relacional. Normalmente las relacionales son las que más daño hacen porque las otras siguen la lógica de las cosas. La formación, la educación de un corazón, necesita del no, necesita negaciones, oposiciones, obstáculos. Si retiramos las dificultades en el crecimiento de un niño, criaremos a un niño necio, sin sabiduría.

La Iglesia no se construye a base de grandes planificaciones, sino con los golpes y bofetadas de la historia, con las dificultades, los problemas y las persecuciones. Cuando queremos saber si algo es sólido, lo ponemos a prueba, le damos un golpe, un empujón. A menudo, para ver lo que se mantiene en pie y lo que vale, es preciso dar algunos toques. Las pruebas son siempre desagradables, pero también producen sabiduría. Entonces llega la palabra y me debe preocupar un poco, pero yo sé que después llegará el buen vino, y que debo pasar por momentos áridos para poder recibir el don que Dios quiere darme a través de esta palabra.

No se entra en la iglesia a escuchar la Palabra de Dios para sentir que se nos confirma en las propias ideas, sino para sentir que se discuten esas ideas propias, para escuchar algo que nos resulta inaudito, para crecer.

LAS ZARZAS

El sembrador también deja caer la semilla entre espinas. Las zarzas, les llama la nueva traducción. «Otra parte cayó entre las zarzas, y las zarzas crecieron y la ahogaron», escribe Mateo

(13, 7); «y no dio fruto», añade Marcos (4, 7); Lucas dice: «Otra parte cayó entre las zarzas y las zarzas, creciendo con ella, la ahogaron» (8, 7). "Ahogar": es la palabra que se usa en los tres Evangelios, quitar el aire. Veamos cómo interpretar este hecho de que las espinas no matan sino que ahogan, y de ese modo evitan toda posibilidad de vida.

Lucas, siempre el más peculiar, dice: «Lo que cayó entre espinos son los que oyeron pero que en su caminar se ahogan a causa de las preocupaciones, riquezas y placeres de la vida y no llegan a dar fruto» (8, 14).

¿Qué significa este "en su caminar"? Aquí la semilla ha llegado, e incluso ha caído bien, a diferencia de la que terminó sobre el camino o entre las piedras. Ahora el problema es de convivencia: la semilla ha caído, empieza a echar raíces, pero no logra seguir avanzando porque otra cosa le quita espacio. ¿Qué? «Los afanes del mundo, la seducción las riquezas y todas las demás pasiones, sofocan la Palabra» (*Mc* 4, 19). La seducción distrae: no se opone, simplemente te descentra. *Se–duce*, conduce a sí. Algo distinto se convierte en prioritario: es cierto que escucho la palabra de Dios, que el Señor me interesa, pero estoy ocupado en *mis* problemas. No se trata de "o rezo o pienso en el dinero". No, es un poco distinto: "rezo y pienso en el dinero", son realidades que querrían permanecer juntas.

Y de ese modo caemos en la trampa de las cosas de este mundo y, aunque deberíamos pensar de forma prioritaria en el amor y subordinar el dinero al amor, pensamos en el dinero y subordinamos el amor al dinero.

¡Claro que hay problemas económicos! Pero si la prioridad es amar estos problemas se afrontan de otra manera. En cambio, si es el dinero —que nunca es suficiente— lo que se convierte en prioritario, entonces el amor tiene que adaptarse. Así nos convertimos en gente que predica o educa dando prioridad al dinero, que pierde los nervios por una preocupación económica antes que por problemas acerca de la verdad, la relación auténtica o el corazón generoso.

Los numerosos compromisos que adquirimos en todos los ámbitos de nuestra vida nos imponen muchos códigos de conducta que hay que respetar (la riqueza, el mundo, la opinión) y nos quitan la libertad, ¡el aire! Repitámoslo: es verdad que existen problemas en este mundo y que tenemos que enfrentarnos a ellos, pero cada problema debe dimensionarse según nuestra escala de prioridades. De otro modo la palabra se vuelve infructuosa, inútil.

¡Qué locura! La palabra de Dios reducida a una pérdida de tiempo; rezar ya no es realmente imprescindible. Las cosas santas se vuelven inútiles... Pensar en la renuncia, en el don de sí, como algo valioso en el ámbito de la justicia o la economía, podemos aceptarlo. Pero que el amor de Dios nos mueva a hacer cosas que pongan en el centro el mismo amor de Dios, la vida fraterna... Esto nos parece estúpido. Al final, terminamos con una antropología hecha de realidades materiales: de cosas, nada más. No de Dios mismo.

Pensemos en santa Teresa de Calcuta, que pasaba una parte enorme de su jornada quieta ante el Santísimo y que ha cambiado la historia; ha cambiado la historia quizá porque su fe ahogaba los problemas económicos y los gobernaba desde allí, desde ese sitio, desde ese lugar, desde ese punto de referencia que es el Señor. Y era capaz de encontrar soluciones con una libertad de espíritu que pudo hacer el bien a una muchedumbre de desesperados y desheredados.

En cambio, cuando los problemas se convierten en el centro y Dios queda reducido a la pequeña oración que hacemos al inicio y al final, a ser un adorno, normalmente no conseguimos resolverlos. Quedamos atrapados por problemas que miramos horizontalmente y se hunde nuestra relación con la palabra porque buscamos su sentido solo en relación con nuestra ansiedad de fondo.

Marcos añade «todas las demás pasiones»: la *epithumia*, la concupiscencia; además Lucas se refiere a los «placeres de la vida». Un tipo de alegría, en la que la vida se convierte en una boca que se lo come todo. Se convierte en un sistema de placer que absolutiza los medios y olvida los fines. Si voy en coche hacia un lugar lo que me importa es el lugar, no el coche; de lo contrario iría hacia un sitio que en realidad no tiene ningún valor porque solo me interesa que me vean, y vivo sólo para comprarme el coche.

Si los medios no nos llevan al fin, al fruto, la vida se convierte en una plenitud que nunca se alcanza. Dice Lucas: «no llegan a madurar», no llegan a su plenitud. No se convierten en padres, en fecundos, se dispersan en mil cosas perdiendo de vista la palabra con la que Dios nos ha dado la vida.

Hay una indicación extraña en el libro del *Levítico*: «No sembrarás tu campo con dos tipos de semilla» (19, 19). Y añade: «Ni llevarás una prenda tejida con dos tejidos distintos». ¿Por qué? Simplificar es el primer paso del discernimiento: fijémonos en lo que inquieta, en las cosas incompatibles con nuestro fin. Vivimos con desorden, uno comienza una cosa y acaba haciendo otra, y luego otra: habla por teléfono a la vez que escribe en el ordenador; conduce mientras habla por teléfono… Todos estamos en modo *multitarea*. Pero si Dios siembra en nosotros la vida maravillosa y nueva, esta no puede ser un asunto más, no puede ser otra App de nuestro sistema operativo. Dios no es una guinda sobre el pastel de nuestra vida organizada para tener lo más posible, incluida la religión.

A menudo querríamos optimizar la fe. Cuando se comienza a rezar en serio no se trata de optimizar el tiempo para hacer todo lo que se hacía antes y además rezar. No: la oración debe ocupar el puesto de alguna otra cosa. Tendré que despertarme más temprano, renunciar a un rato de sueño, simplificar algo de lo que hago. No es posible dar fruto si no se le otorga espacio a la semilla. Nosotros querríamos complacer a todos y, especialmente, no perder nada.

El proceso de la santificación se relaciona de un modo curioso con una raíz etimológica. La palabra *qadosh* en hebreo, de la que viene "santo", también significa separado, escindido, dividido, otro, diferente. La santificación es una purificación del corazón ante tantas posesiones. Es impensable adherirse a la palabra de Dios sin que esta se enfrente a ellas. La palabra de Dios exige su espacio. Nunca podré acogerla si me limito a ponerla junto al resto de cosas porque es incompatible.

En el paraíso no hay espacio ni para una brizna de infierno. El primer verso de la *Didakè* —un texto tan antiguo como los Evangelios de Mateo y de Lucas— dice: «Hay dos caminos, uno de vida y otro de muerte, y la diferencia entre ambos es grande». Y es verdad. No podemos olvidar la radicalidad extrema del cristianismo. En la vida existen las posesiones, que no son ilícitas si se someten al amor. Las espinas se arrancan; siempre hay algo de lo que tenemos que liberarnos. El discernimiento siempre requiere desprendimiento interior.

EL TERRENO BUENO

Por fin llegamos al punto luminoso. «Otra parte cayó en el terreno bueno y dio fruto: el ciento, el sesenta, el treinta por uno», dice Mateo (13, 8). Lucas no hace distinciones: «Otra parte cayó en terreno bueno, germinó y fructificó cien veces» (8, 8). Para Lucas solo hay fruto completo. Y por este motivo, al final, en lugar de distinguir fruto incompleto, válido y pleno, se habla de fecundidad.

Escribe Mateo: «Lo sembrado sobre el terreno bueno es el que escucha la Palabra y la comprende; este da fruto y produce el ciento, el sesenta o el treinta por uno» (13, 23). Marcos señala más o menos lo mismo. Y Lucas: «Los que caen en el terreno bueno son aquellos que, tras haber escuchado la Palabra con un corazón íntegro y bueno, la guardan y producen fruto con perseverancia».

Hasta ese momento los verbos se habían conjugado en aoristo griego, que se refiere a situaciones singulares concretadas en el tiempo. En cambio, aquí, y es curioso, para hablar de dar fruto usa un tiempo diverso, que le da sentido de continuidad y permite la repetición: dio fruto, y dio fruto, y dio fruto… Hay algo que puede suceder, que puede repetirse: continuó dando fruto. Si la semilla de Dios está en nosotros —y lo está—, se encuentra siempre preparada para el fruto. La fecundidad de este encuentro mío con la palabra es permanente, continua.

Marco señala que el fruto nació, creció y dio el treinta, el sesenta, el ciento por uno. El sujeto es la semilla: la que fructifica es la semilla, no la tierra. La tierra es espectadora del poder de la semilla. Siguiendo en el *Evangelio* de Marcos, en el capítulo cuarto, el mismo en que aparece esta parábola, se dice que la semilla da fruto, crece, llega a plenitud a causa de su propia naturaleza, independientemente del trabajo del agricultor —ya duerma o despierte, la semilla crece sin que él sepa cómo—. El ritmo lo pone la semilla, no el agricultor. Repito: la fuerza se encuentra en la semilla.

¿Por qué entonces treinta, sesenta o cien? Podríamos decir que algunos no alcanzan su perfección completa. Pero también podemos leer el texto con otro sentido. Cada uno tiene su semilla y esta es diferente en su fruto. Es decir, cada persona debe hacer algo más o menos visible según la capacidad de su semilla. Es la persona la que da fruto. El problema no es que uno sea más o menos, sino que la semilla caiga en su tierra buena. Todos reciben una palabra poderosa, cada uno de nosotros tiene en su seno esta semilla, y es poderosa.

Acompañando a varios adultos hacia el bautismo he experimentado que Dios ya había puesto la semilla en la vida de todos ellos, de forma imperceptible, sorprendente, a través de testimonios o mediante un diálogo profundo, secreto, en su corazón alejado de la fe —incluso en el diminuto corazón de un niño—. Dios logra echar ahí la semilla. Después la palabra de Dios se vuelve explícita, germina, desencadena toda su fuerza.

Cuando conoces a alguien siempre encuentras en él una semilla de Dios. De otro modo no podríamos ni siquiera anunciar el Evangelio. ¿Cómo podríamos meter en un alma algo que no sea compatible con ella? Todos somos templos de la palabra y estamos en cierto modo incompletos hasta que esa palabra se convierte en el centro de nuestro ser; sin embargo, siempre hay en nuestro interior un eco de esa palabra, también en las personas más degradadas, arruinadas o lejanas. Y ese eco perdura en nosotros cuando nos sabemos en el error, retorcidos, malvados: la semilla permanece siempre.

En el mismo momento en que se encuentra la semilla y la tierra se pone en marcha un código —en la vida siempre ocurre así—, un código nuevo. Empieza una realidad que es un nuevo individuo, una realidad nueva, similar a las demás y al mismo tiempo específica, particular, peculiar. La palabra, la semilla es la misma en todos los campos donde es depositada, pero cuando me fecunda a mí se hace mía, es mi corazón. Fijémonos en la historia de la salvación. Desde la creación hasta la vocación de Abraham, por ejemplo, la realidad es fruto del impacto con el sonido, por decirlo de modo antropomórfico, con la palabra de Dios.

Tanto en la fecundación espiritual como en la biológica, en la palabra —por ejemplo, en los tres primeros versículos del capítulo 12— está completo el código que recoge la historia de Abraham. Lo mismo sucede en las palabras que Jesús dirige a Pedro y a Andrés: «Venid conmigo y haré que seáis pescadores de hombres» (*Mc* 1, 17). El fruto es *llegar a ser* esa palabra irrepetible, maravillosa, que somos cada uno de nosotros.

Acoger la palabra es fundamental, significa llegar a ser nosotros mismos. Sobre todo, implica asentir, reconocer su verdad y abrirse a ella. Es preciso usar un poco la memoria. Evocar todos los momentos hermosos de nuestra fe hasta alcanzar los recuerdos más hondos de nuestra niñez, anotando quizá, una tras otra, las obras bellas y grandes que Dios ha hecho en nosotros. Y luego buscar el denominador común, lo que estaba allí de modo constante, para descubrir poco a poco lo que Dios me ha dicho siempre.

Dios me ha hablado siempre así, y es preciso ser fiel a ese modo porque es algo enormemente precioso.

Pero acoger la palabra significa también *asumirla* y protegerla, repetirla, afirmarla, mantenerla en el centro. Fijémonos en aquella que realmente ha sabido abrazar la palabra, la bienaventurada virgen María.

Ella se enfrentó a algo que al inicio no entendía, y pronto aprendió que aquello no la conduciría a un camino de éxito sino que, como le indicó Simeón, una espada le atravesaría el alma. María sabe aceptar la pérdida de tantas cosas por causa de esa palabra y, a pesar de ello, le parece hermosa y cuida de ella.

Nosotros, siguiendo la huella de la primera y más grande de todos los creyentes, debemos aprender el arte de reconocer la belleza de lo que Dios nos dice, el arte de abrazarlo aunque no lo entendamos, aunque nos haga sufrir. El arte de *gestar* la palabra. Hacemos las cosas no porque estén escritas, sino porque Dios actúa en nuestro interior. ¿Cómo se mete Él en nosotros? Por medio de su palabra, que convierte nuestra carne en la suya, como en María, creando al hombre nuevo.

Cuando nos veamos abatidos, atrapados y dispersos en cosas erróneas, debemos volver a *nuestra* palabra. Somos templos de la palabra de Dios. Somos el hogar de una conversación de Dios con cada uno de nosotros.

3. LA PARÁBOLA DEL REY MISERICORDIOSO O DEL SIERVO IMPENITENTE

[PARA NO OLVIDARSE DE PERDONAR
Y DE SER PERDONADOS]

Mariano Fazio

Entonces, se acercó Pedro a preguntarle:

—Señor, ¿cuántas veces tengo que perdonar a mi hermano cuando peque contra mí? ¿Hasta siete?

Jesús le respondió:

—No te digo que hasta siete veces, sino hasta setenta veces siete. Por eso el Reino de los Cielos viene a ser como un rey que quiso arreglar cuentas con sus siervos. Puesto a hacer cuentas, le presentaron uno que le debía diez mil talentos. Como no podía pagar, el señor mandó que fuese vendido él con su mujer y sus hijos y todo lo que tenía, y que así pagase. Entonces el siervo se echó a sus pies y le suplicaba: «Ten paciencia conmigo y te pagaré todo». El señor, compadecido de aquel siervo, lo mandó soltar y le perdonó la deuda. Al salir aquel siervo, encontró a uno de sus compañeros que le debía cien denarios y, agarrándole, lo ahogaba y le decía: «Págame lo que me debes». Su compañero, se echó a sus pies y se puso a rogarle: «Ten paciencia conmigo y te pagaré». Pero él no quiso, sino que fue y lo hizo meter en la cárcel, hasta que pagase la deuda. Al ver sus compañeros lo ocurrido, se disgustaron mucho y fueron a contar a su señor lo que había pasado. Entonces su señor lo mandó llamar y le dijo: «Siervo malvado, yo te he perdonado toda la deuda porque me lo has suplicado. ¿No debías tú también tener compasión de tu compañero, como yo la he tenido de ti?». Y su señor, irritado, lo entregó a los verdugos, hasta que pagase toda la deuda. Del mismo modo hará con vosotros mi Padre celestial, si cada uno no perdona de corazón a su hermano.

(*Mt* 18, 21-35)

La parábola

En el capítulo 18 de Mateo encontramos un diálogo entre Pedro y Jesús. Con la confianza que caracteriza a su relación con el Señor, quien un día será el príncipe de los apóstoles le pregunta: «Señor, ¿cuántas veces tengo que perdonar a mi hermano cuando peque contra mí? ¿Hasta siete veces?».

Según su mentalidad, aún demasiado humana, Pedro consideraba que perdonar siete veces fuese de una generosidad extrema. En aquel tiempo, algunos rabinos, apoyándose en *Amos* 2, 4, en *Job* 33, 29 y en la triple oración de José (*Gen* 50, 17), pensaban que, como mucho, podría perdonarse tres veces. Proponiendo siete, Pedro se consideraba en sintonía con la mente y el corazón de Jesús.

La respuesta de Jesús es clara: «No te digo hasta siete, sino hasta setenta veces siete».

Jesús va infinitamente más allá de las medidas humanas y hace entender que las divinas apuntan en otra dirección. Evidentemente, el Señor no dice que debamos perdonar 490 ocasiones, sino siempre. Debido a que el 7 es un número de plenitud en las Escrituras, setenta veces siete significa perdonar hasta el infinito. La respuesta de Jesús se hace todavía más incisiva si se considera que está dándole la vuelta a la llamada a la venganza de Lameck, descendiente de Caín: «Siete veces será vengado Caín, pero Lameck setenta y siete» (*Gn* 4, 24).

Jesús ya había experimentado las dificultades de los apóstoles para meterse en esta lógica divina. Buscando evitar equívocos, les cuenta una historia, una parábola, que podemos llamar la parábola del rey misericordioso o, en negativo, la parábola del siervo que no se arrepiente. Escuchemos con atención al Señor:

Por eso el Reino de los Cielos viene a ser como un rey que quiso arreglar cuentas con sus siervos. Puesto a hacer cuentas, le presentaron uno que le debía diez mil talentos. Como no podía pagar, el señor mandó que fuese vendido él con su mujer y sus hijos y todo lo que tenía, y que así pagase. Entonces el siervo se echó a sus pies y le suplicaba: «Ten paciencia conmigo y te pagaré todo».

El señor, compadecido de aquel siervo, lo mandó soltar y le perdonó la deuda.

Vale la pena aclarar que, en griego, cuando se trataba de nombrar un número exorbitante se usaba el diez mil. A la vez, el talento era una medida muy grande: un talento correspondía a treinta y seis kilos de metal precioso. Diez mil talentos equivalían a trescientas sesenta toneladas de oro o de plata. Para hacerse una idea precisa de esta cifra colosal conviene añadir que un talento equivalía a seis mil días de trabajo. En conclusión, diez mil talentos significaban sesenta millones de días laborales. Devolver una deuda así era humanamente imposible. El siervo de la parábola habría tenido que trabajar durante doscientos mil años. Con estas cifras inmensas el Señor trata de poner en claro la deuda que tenemos con Él por todo el bien que nos ha dado por la existencia, por la elevación al orden sobrenatural y por la posibilidad de vivir como miembros de su familia. Si no respondemos de forma generosa a tanta bondad nos convertimos en deudores innatos, pero que son siempre acogidos por la misericordia divina si nos arrepentimos.

Quizá Jesús cruza su mirada con la de los discípulos, cada vez más desconcertados por el relato de la parábola.

Tras una pausa, continúa:

> Al salir aquel siervo, encontró a uno de sus compañeros que le debía cien denarios y, agarrándole, lo ahogaba y le decía: «Págame lo que me debes».
>
> Su compañero, se echó a sus pies y se puso a rogarle: «Ten paciencia conmigo y te pagaré».
>
> Pero él no quiso, sino que fue y lo hizo meter en la cárcel, hasta que pagase la deuda.

Demos algún dato numérico más para comprender mejor la parábola. Cien denarios equivalían a cien jornadas de trabajo. Una cifra no pequeña, pero infinitamente distinta a la deuda de diez mil talentos que le habían perdonado.

Podemos imaginar que la indignación de los discípulos fuera similar a la de los demás siervos de la parábola, que habían sido testigos de la misericordia del rey y de la dureza del corazón del siervo. Sigamos escuchando las palabras de Jesús:

Al ver sus compañeros lo ocurrido, se disgustaron mucho y fueron a contar a su señor lo que había pasado. Entonces su señor lo mandó llamar y le dijo: «Siervo malvado, yo te he perdonado toda la deuda porque me lo has suplicado. ¿No debías tú también tener compasión de tu compañero, como yo la he tenido de ti?». Y su señor, irritado, lo entregó a los verdugos, hasta que pagase toda la deuda.

Para evitar confusiones, es Jesús mismo quien propone la aplicación para nuestra vida:

Del mismo modo hará con vosotros mi Padre celestial, si cada uno no perdona de corazón a su hermano.

Primera aplicación

Esta parábola es una de las más fáciles de interpretar, porque su razonamiento es lineal. ¿Qué aplicaciones tienen estas enseñanzas de Jesús en nuestra vida?

En primer lugar, la parábola nos asegura que, cuando se trata de perdonar, Dios no tiene límites. Si nos arrepentimos con sinceridad, el Señor nos perdona siempre. Nuestra relación con Dios no es una relación de justicia rígida. La justicia es dar a cada uno lo que le corresponde. Dice una frase popular: «El que se equivoca, la paga». Pero nuestra relación con Dios es paterno–filial. De hecho, el pasaje paralelo de *Mt* 6, 14-15 —«Porque si les perdonáis a los hombres sus ofensas, también os perdonará vuestro Padre celestial. Pero si no perdonáis a los hombres, tampoco vuestro Padre os perdonará vuestros pecados»— nos recuerda que nuestra relación con Dios no es de siervos hacia su amo, como en la parábola, sino paterno–filial. La lógica divina es distinta a la humana: quien se equivoca, quien peca, si se arrepiente, se encontrará rodeado por la misericordia y el perdón de Dios, que ejerce una justicia superior, la propia de quien ama. Como dice el papa Francisco, «desde nuestro Bautismo Dios nos ha perdonado, condonando una deuda insalvable: el pecado original. Pero esa es la primera vez. Después, con una misericordia sin límites, Dios nos perdona todos nuestros pecados y nosotros no mostramos ni siquiera un signo pequeño de amargura. Dios es así: misericordioso»[1].

---

[1] Francisco, *Ángelus*, 18 de septiembre 2017.

Hemos de tener confianza en la misericordia de Dios. Los últimos tres papas han querido mostrar el insoldable amor misericordioso del Señor. San Juan Pablo II ha sido apóstol del amor misericordioso. Ha instituido el Domingo de la Misericordia y ha canonizado a santa Faustina Kowalska, quien dedicó toda su vida a encender en las almas la confianza en la misericordia de Dios. Benedicto XVI dedicó su primera encíclica al amor de Dios: *Deus caritas est*, y Francisco predica de modo incansable que el nombre de Dios es misericordia.

Una consecuencia práctica de esta primera aplicación de la parábola es que nos dirijamos con confianza al sacramento de la penitencia. «La confesión sacramental no es un diálogo humano, sino un coloquio divino; es un tribunal, de segura y divina justicia y, sobre todo, de misericordia, con un juez amoroso que *no desea la muerte del pecador, sino que que se convierta y viva* (*Ez* 33, 11)»[2]. Abrir el corazón en la confesión y recibir el perdón divino llena el alma de paz, de serenidad y alegría. De este modo podremos transmitir la misma paz y serenidad a este mundo que tiene tanta necesidad de ellas.

---

[2] S. Josemaría Escrivá, *Es Cristo que pasa*, n.º 78.

Segunda aplicación

La segunda aplicación: para ser perdonados por Dios debemos perdonar a los otros. Si Dios está siempre dispuesto a perdonar, nosotros, sostenidos por su gracia, tenemos que imitarlo. Jesús se propone a sí mismo como ejemplo: «Amaos los unos a los otros como yo os he amado» (*Jn* 13, 34). Podemos preguntarle: «¿Cómo nos has amado?». Y nos responderá: «Os he amado hasta la muerte. Y con mi muerte os he redimido, y ahora tenéis acceso al perdón de vuestros pecados».

Comenta el papa Francisco:

Cuando nos vemos tentados a cerrar nuestro corazón a quien nos ha ofendido y nos pide perdón, recordemos las palabras del Padre celestial al siervo despiadado: «Te he perdonado toda tu deuda porque me los has pedido. ¿No deberías tú también haber tenido piedad de tu compañero, como yo he tenido piedad de ti?» (Vv. 3-33). Cualquiera que haya experimentado la alegría, la paz y la libertad interior que viene de ser perdonado puede a su vez abrirse a la posibilidad de perdonar.

Jesús ha querido insistir en la oración del *Padre nuestro* en la misma enseñanza de esta parábola. Ha puesto en relación directa el perdón que le pedimos a Dios con el que debemos conceder a nuestros hermanos: «Perdónanos nuestras deudas como también nosotros perdonamos a nuestros deudores» (*Mt* 6, 12). El perdón de Dios es la señal de su asombroso amor por cada uno de nosotros; es el amor que nos deja libertad para alejarnos, como el hijo pródigo, pero que está cada día atento a nuestra vuelta; es el amor lleno de iniciativa del pastor hacia la oveja perdida; es la ternura que acoge a cualquier pecador que llama a su puerta. El Padre celestial —nuestro Padre— es plenitud, plenitud de un amor que quiere ofrecernos, pero que no puede darnos si cerramos nuestro corazón al amor a los demás[3].

Tercera aplicación

La tercera aplicación de la parábola: la conciencia de ser perdonados implica una disposición habitual a pedir perdón. Todos somos pecadores, y cualquier pecado no es únicamente una ofensa a Dios sino también a los demás. "Perdóname", junto a "gracias" y "permiso", son las tres palabras que nunca pueden faltar en la vida familiar. Pedir perdón y saber perdonar nos libera: nos quita aquellos pesos que a menudo llevamos en la conciencia y que nos impiden tener paz en el alma y dársela a los otros. A veces, cuando pedimos perdón, no lo recibimos por parte de los demás. Es un sufrimiento que podemos ofrecer

---

[3] Francisco, *Ángelus*, 18 de septiembre 2017.

como penitencia por nuestros pecados. En cambio, tenemos la certeza del perdón de Dios, que es el auténticamente importante.

Ejemplos de perdón en la literatura

Los novios, de A. Manzoni, es la mejor novela italiana del siglo XIX, y ofrece un bellísimo himno al perdón. En Milán se ha desatado la peste. Lorenzo —prometido de Lucía— se acerca al lazareto en busca de su amada y se encuentra con fray Cristóbal, quien le indica que en ese momento se encuentra allí moribundo don Rodrigo, el señor de su aldea que había impedido que Lorenzo se casara con Lucía porque también él se había enamorado de ella. Lorenzo expresa su deseo de encontrarse con "aquel desgraciado" para vengarse.

—¡Lorenzo! —dijo el fraile cogiéndole de un brazo, mirándole todavía con más severidad.

—Y si le encuentro —dijo el joven, ciego de cólera—, si la peste no ha hecho ya el oficio de la justicia... ya quedó atrás el tiempo en que un cobarde podía, rodeado de sus satélites, reducir a la gente a la desesperación, y burlarse de todos ellos. Por fin ha llegado el tiempo en que los hombres pueden encontrarse cara a cara... Y yo sabré hacerme justicia.

—¡Desgraciado! —exclamó el padre Cristóbal, con una voz que había recuperado toda su antigua energía—. ¡Desgraciado! —repitió con la cabeza erguida, que antes tenía inclinada sobre el pecho, recobrando al mismo tiempo sus mejillas el antiguo color de la juventud, y teniendo no sé qué de terrible el movimiento de sus ojos—. ¡Mira, infeliz! —proseguía, mientras apretaba y sacudía con una mano el brazo de Lorenzo, y con la otra señalaba alrededor la dolorosa escena que le cercaba—. Observa quién es el que castiga, el que aflige y perdona; pero ¡tú, gusano de la tierra, quieres ejercer la justicia! Vete, infeliz, vete (…).

Diciendo esto, apartó de sí el brazo de Lorenzo, y se dirigió hacia una cabaña de enfermos.

—¡Ah, padre! —dijo Lorenzo, siguiéndole con ademán suplicante—, ¿querrá usted echarme de esta manera?

—¡Cómo! —repuso el capuchino con voz no menos severa—, ¿podrás pretender que les robe el tiempo a esos desgraciados, los cuales me aguardan para que les hable del perdón de Dios, a fin de oír tus voces de encono y tus proyectos de venganza? Te escuché cuando me pedías consuelo y dirección; dejé la caridad en favor de la caridad, pero ahora, con la venganza en el corazón, ¿qué quieres de mí? Vete; he visto morir aquí muchos ofendidos que perdonaron, y muchos ofensores que se afligían por no poder postrarse delante del ofendido: con unos y otros he llorado; pero ¿qué he de hacer contigo?

—¡Ah!, ¡le perdono!, ¡le perdono de corazón y para siempre! —exclamó el joven.

—¡Lorenzo! —dijo con menos severidad el capuchino—, acuérdate de que no es esta la primera vez que le has perdonado (…).

—Sí, sí —dijo Lorenzo muy conmovido—, conozco que nunca le perdoné de veras, conozco que hablé como una bestia, y no como cristiano, y ahora, por la gracia del Señor, le perdono, y le perdono de todo corazón.

Tras este intenso diálogo, fray Cristóbal invita a Lorenzo a ver a don Rodrigo. Aceptándolo este, entraron en una tienda donde yacía casi muerto el que antes fuera un terrible señor.

—¿Le ves? —dijo el capuchino con voz baja—, puede ser castigo, puede ser misericordia. El sentimiento que experimentas ahora por ese hombre que tanto te ha ofendido, será el mismo con que Dios te mire en el tremendo día. Bendícele, y serás bendecido. Hace cuatro días que ha entrado aquí como lo ves, sin dar indicio de razón. Quizá el Señor está dispuesto a concederle una hora de arrepentimiento, pero querrá que tú se lo ruegues; quizá querrá que tú, con la inocente Lucía, intercedáis por él; quizá quiere conceder la gracia a tus oraciones, a las oraciones de un corazón afligido y resignado. Quizá depende de ti la salvación de ese hombre, y la tuya; de una muestra sincera de tu perdón, compasión, y… amor.

Calló, y juntando las manos, bajó sobre ellas la cabeza, como para rezar: lo mismo hizo Lorenzo. A poco de estar en aquella postura, se oyó el tercer toque de la campana. Recobráronse ambos, y, según lo acordado, salieron. Ni el uno hizo preguntas, ni el otro protestas; sus rostros hablaban[4].

Rizzi comenta: «La razón es tan elevada que cualquier palabra humana resulta superflua y desacralizante, queda espacio sólo para un silencio místico (sus rostros hablaban), pero en este silencio entre fray Cristóbal y Lorenzo se ofrece una respuesta al grito de dolor del hombre por el mal del mundo».

En 1948 Dickens escribió su último relato de Navidad: *El hechizado*[5]. En él cuenta la historia de un profesor de química, el señor Redlaw, que

---

[4] Textos tomados de A. Manzoni, Los novios, Rialp 2020, cap. XXXV. Traducción de J. N. Gallego (n.d.t).

[5] En castellano he encontrado dos ediciones: *El hombre embrujado. La batalla de la vida*, Sopena 1946; *El hechizado y el trato con el fantasma*, edición de J. I. Cárdenas en Kindle. *The Haunted Man and the Ghost's Bargain* es el texto 25 de la edición inglesa de las *Complete Works* de Dickens en Delphi Classics: https://www.delphiclassics.com/shop/charles-dickens-parts-edition (n.d.t).

vive en una habitación junto a un instituto de enseñanza. Le atiende la familia Swidger, que vigila también la escuela, y que está compuesta por diversos miembros, entre los que se cuenta Milly, una mujer hacendosa de amable carácter y dedicada constantemente a las necesidades de los demás.

Redlaw tiene un pasado triste, formado de tragedias familiares, y la víspera de Navidad se muestra envidioso de la experiencia de vida del señor Swidger, suegro de Milly, que en este momento tiene ochenta y siete años. Este conserva la memoria de su vida pasada y observa a Redlaw mientras recuerda tantos días de año nuevo y tantas épocas pasadas en las que había sido muy feliz.

«Alegre y feliz» —murmuró Redlaw, dirigiendo sus ojos sombríos hacia la figura inclinada de Swidger, que le sonríe con lástima. «Alegres y felices... ¿Y los recuerda bien?».

El anciano le responde contando varias circunstancias de su vida, rodeado del afecto de su familia. «Señor, ¡que se mantenga siempre viva mi memoria! Es una idea piadosa y excelente, señor. ¡Amén!, ¡amén!», exclamó, mientras se despedía de Redlaw.

El profesor de química era una persona taciturna. Mientras los Swidger dejan la comida en su habitación y se retiran, va tomando forma una sombra densa tras él. Es un fantasma que asume la fisonomía de Redlaw. Algo similar le había ocurrido en el pasado, y ahora se encontraban de nuevo.

Ese fantasma es la personificación de sus penas y dolores. En un diálogo lleno de sufrimiento de Redlaw y su *alter ego*, este último le ofrece un regalo: con un poder sobrenatural podría hacer borrar de su mente todos los recuerdos dolorosos de su vida. El profesor, tras reflexionar, considera que la propuesta es aceptable: «¿Por qué motivo debería vivir atormentado? No se trata de un pensamiento egoísta. Consiento en dejarlo salir de mí. Cada uno tiene sus dolores y muchos sus males: la ingratitud, la sórdida envidia, el interés personal, afligen todas las fases de la vida. ¿Quién no querría olvidar todos sus dolores y males?».

El espectro se muestra de acuerdo con él —«En efecto, ¿quién no lo desearía, para ser así más feliz?»—. Y le propone un trato: «¡Considéralo como una prueba de que soy poderoso y escucha lo que te ofrezco! ¡Olvida los dolores, males y penas que has conocido! (…) Poseo el poder de anular el recuerdo y de dejar únicamente huellas leves y confusas que pronto se extinguirán. Dime, ¿hacemos un pacto?».

Redlaw se encuentra aterrorizado por esta oferta que al mismo tiempo le atrae. Pregunta al espectro qué es lo que perderá si acepta el acuerdo, pues quiere conservar recuerdos amables y sentimientos de simpatía hacia los demás. El fantasma responde a la pregunta del profesor sobre qué cosas escaparán de su memoria: «Ni el saber ni el fruto del estudio; lo único, la cadena que se entreteje por sentimientos y asociaciones, cada una de las cuales depende a su vez de los recuerdos desterrados y se nutre de ellos. Todas estas cosas desaparecerán».

El fantasma le anima a tomar una decisión. Redlaw pone a Dios por testigo de que no odia a ningún ser humano, que jamás ha sido duro o indiferente. Únicamente se arrepiente de haber dado demasiada importancia al pasado, y considera que la culpa es suya. Poco a poco se convence de lo acertado que es aceptar el acuerdo. «Pero si mi cuerpo estuviera envenenado y yo tuviera los antídotos y supiera cómo aplicarlos, ¿cómo no iba a usarlos? Si mi espíritu fuera envenenado y pudiese hacer desaparecer el veneno de mí con esta sombra terrible, ¿por qué no hacerlo?». Al final, Redlaw acepta el pacto con el espectro para verse libre de sus recuerdos dolorosos.

El fantasma añade un regalo:

El don que te he hecho lo difundirás por donde quiera que vayas. Sin que recuperes la facultad que has negado, de ahora en adelante la destruirás en todos aquellos a los que te acerques. Tu sagacidad ha descubierto que el recuerdo de los dolores, las penas y lo desagradable es el destino de todo el género humano, y que la humanidad será más feliz con los demás recuerdos y sin esos. Así que vete, ¡sé su benefactor! Libres de estas memorias, desde este instante llevaréis con vosotros involuntariamente la bendición de la libertad. Su difusión es inseparable de ti. ¡Vete! ¡Sé feliz por el bien que has logrado y por el bien que harás!

Lejos de ser un benefactor de la humanidad, Redlaw difunde el ''regalo'' y siembra la discordia y la desunión en todos aquellos con quienes se relaciona. Se borra la memoria del dolor, pero también toda la "cadena entrelazada de sentimientos y asociaciones" que acompañan a los recuerdos que han causado sufrimiento. Alrededor de ellos se difunde la falta de caridad, el egoísmo, la incapacidad de perdonar, la ausencia de misericordia, el no saber apreciar los sacrificios de los demás.

El profesor de química pide al espectro que le libere del ''don'' y el espectro le responde de manera enigmática. Redlaw le ruega por lo menos no pasar el don a Milly, el alma buena que actúa de anillo de unión entre todos los personajes de la historia. El espectro acepta.

Durante una conversación con William, marido de Milly, Redlaw comenta: «He perdido la memoria del dolor, del mal y de las vicisitudes, y con esto he perdido todo lo que el ser humano quisiera recordar».

Es decir, con el olvido del dolor desaparecen también todos los sentimientos asociados: el perdón, la esperanza, la gentileza, la paciencia, la ayuda de los demás, etc. Durante una conversación clave de este relato, Milly, que actúa como una suerte de redentora del hechizado, le dice:

—No tengo ciencia alguna, mientras que usted la tiene en abundancia. No estoy acostumbrada a pensar, mientras que usted está siempre pensando. Sin embargo, ¿puedo indicarle por qué considero que para nosotros es algo bueno recordar el mal que se nos ha hecho?
—Sí, ¡dígame!
—¡Para poderlo perdonar!

La respuesta de Milly provoca una fuerte agitación interior en Redlaw, que reacciona como si de forma imprevista se hubiera abierto un nuevo horizonte de sentido en su vida. Se acuerda de que el perdón forma parte de la obra de Dios y que la criatura puede participar de él:

—¡Perdóname, Dios santo —exclama Redlaw levantando los ojos hacia el cielo—, por haber echado fuera de mí este atributo tuyo tan sublime!

—Y si algún día logra recuperar la memoria —añadió Milly—, como esperamos y rezamos para que ocurra, ¿no será tal vez una bendición para usted recordar tanto el mal como el que se lo haya perdonado?

Gracias al ejemplo de Milly comienza con determinación su cura. El profesor exclama: «¡Oh Tú, que con tu doctrina de puro amor has devuelto con gentileza a mi memoria aquello que era el recuerdo de Cristo en la cruz y el de todos aquellos que perecieron por su amor, acoge mi agradecimiento y bendice a esta mujer!».

La historia termina con la recuperación de la memoria de todos los personajes, la reconciliación de los rencores del pasado a través del perdón, y la celebración de la Navidad.

Dickens, de forma literaria, dice la misma cosa que santo Tomás de Aquino cuando escribió que «la omnipotencia de Dios se manifiesta de forma máxima perdonando y teniendo misericordia, pues el modo de demostrar que Dios tiene un poder supremo es perdonar libremente los pecados (…). El efecto de la misericordia divina es el fundamento de todas las obras de Dios»[6].

Concluyamos este comentario con unas palabras de Francisco que otorgan a la parábola una dimensión global:

¡Cuánto sufrimiento, cuántas heridas, cuantas guerras se podrían evitar si el perdón y la misericordia fueran el estilo de nuestra vida! Es preciso aplicar el amor misericordioso en todas las relaciones humanas: entre los esposos, entre los padres y los hijos, en nuestras comunidades y también en la sociedad y la política. La parábola de hoy nos ayuda a acoger de modo pleno el significado de aquella frase que recitamos en la oración del Padre nuestro: «Perdónanos nuestras ofensas como nosotros perdonamos a los que nos ofenden» (*Mt* 6, 12).

Estas palabras contienen una verdad decisiva. No podemos pretender para nosotros el perdón de Dios si, al mismo tiempo, nosotros no lo concedemos a nuestro prójimo. Si no nos esforzamos por perdonar y amar, tampoco nosotros seremos perdonados y amados. Acerquémonos a la intercesión maternal de la Madre de Dios: que ella nos ayude a darnos cuenta de en qué medida

---

[6] Santo Tomás de Aquino, Suma de teología I, q. 25, a. 3, ad 3.

somos deudores de Dios, y a recordarlo siempre, para tener así el corazón abierto a la misericordia y a la bondad[7].

_____

[7] Francisco, *Ángelus*, 13 de septiembre de 2020.

4. LA PARÁBOLA DE LA PERLA PRECIOSA Y DEL TESORO ESCONDIDO

[¿DÓNDE SE ENCUENTRA EL REINO DE DIOS?]

Maurizio Botta

El Reino de los Cielos es como un tesoro escondido en el campo que, al encontrarlo un hombre, lo oculta y, en su alegría, va y vende todo cuanto tiene y compra aquel campo.

Asimismo el Reino de los Cielos es como un comerciante que busca perlas finas y, cuando encuentra una perla de gran valor, va y vende todo cuanto tiene y la compra.

(*Mt* 13, 44-46)

JESÚS, DIOS Y REY

¿Por qué Jesús se expresa en parábolas?

Todas estas cosas habló Jesús a las multitudes con parábolas y no les solía hablar nada sin parábolas, para que se cumpliese lo dicho por medio del Profeta: «Abriré mi boca con parábolas, proclamaré las cosas que estaban ocultas desde la creación del mundo».

Mt 13, 34-35

Brevemente, Jesús se expresa por medio de parábolas para decir cosas que han permanecido escondidas desde la fundación del mundo. Se sirve de ellas para contar estos asuntos a las multitudes mientras que a los discípulos les explica más.

Hace años escandalicé a alguien —y volvería a hacerlo encantado porque es algo de lo que estoy realmente convencido— al decirle que hay una palabra que no aguanto, y es la palabra "Evangelio". No puedo más con esta palabra porque literalmente significa "buena noticia". Pensad si dijera: «¡Tengo una buena noticia, amigos, tengo una buena noticia!», ¡que después de un rato no quiere decir nada! Seguir diciendo «Evangelio, Evangelio, Evangelio» no es ser fiel al Evangelio. Porque esa buena noticia lleva consigo un contenido.

«Jesús recorría toda la Galilea, enseñando en sus sinagogas, anunciando el Evangelio del reino, y curando todo tipo de enfermedades y dolencias en el pueblo» (*Mt* 4, 23). Poco más adelante, Mateo repite que Jesús «recorría todas las ciudades y aldeas enseñando en sus sinagogas, anunciando el Evangelio del reino, y curando toda enfermedad y toda dolencia» (9, 35). Una vez más, Mateo: «Este Evangelio del reino será anunciado en todo el mundo, porque se dará testimonio de Dios a todos los pueblos; y entonces llegará el fin» (24, 14). Evangelio según Lucas: «Les dijo: "es necesario que yo anuncie la buena noticia del reino de Dios, también a las demás ciudades; para esto he sido enviado"». De nuevo Lucas: «Seguidamente, Él se iba por las ciudades y aldeas predicando y anunciando la buena noticia del reino de Dios» (4, 43).

Quizá todo el mundo tenga claro que cuando se habla de Evangelio quiere decirse «Evangelio del reino» de Dios, pero a mí no me parece que esté tan claro. Más aún, visto que la obsesión de Jesús era contar parábolas para anunciar este reino de Dios, como un diamante, como un prisma, del que ahora describe un aspecto y ahora otro, me parece grave hablar de Evangelio sin indicar en qué consiste esta buena noticia, es decir, el reino de Dios.

¿Cuál es la buena noticia? No solo que Dios es, existe, porque esto lo sabían ya los filósofos. La buena noticia es que Dios actúa, participa en la historia, reina en ella. Dios no es lejano, no es una luz sin rostro, no es una energía indiferente. Dios se hace cercano como rey. Hoy, y sé que no soy en esto políticamente correcto, se produce entre algunos un cierto malestar eclesial si se recuerda que Jesucristo quiere reinar y anuncia un reino del que él es rey, y que como tal se ha dado a conocer. Su reino es un reino de amor, de paz, pues Jesús no quiere ser como los soberanos de la tierra.

Hace dos mil años aquellos hombres y mujeres que encontraron a Jesús encontraron por primera vez el reino de Dios. En su persona se condensó la primera manifestación realmente fuerte del reino de Dios, liberándose desde Él como un átomo que se rompe. Y es un reino que no tendrá fin. Jesús, entrando en nuestra vida, quiere que nos convirtamos en su reino, pero para hacerlo necesita de nuestra libertad, de nuestro sí. Si esta noche, antes de dormir en lo oculto de tu habitación, dijeras: «Quiero que seas mi rey, reina sobre mí», la historia cambiaría. Pero decidirse a hacerlo o no depende de cada uno.

Esta es la buena noticia: hay un rey que quiere amarnos y basta con decirle que sí para que conquiste día tras día —no todo de golpe— nuestros pensamientos, sentimientos, gestos y decisiones. Cristo quiere reinar sobre todos ellos. Se ofrece.

En la medida en que tu sí sea más pleno, más reinará sobre ti, como un conquistador.

Para explicar su realeza, Jesús utiliza parábolas, imágenes. Cada parábola ilumina un aspecto de esta realeza de Dios sobre la historia. Por ejemplo, el reino de Dios es una experiencia de perdón sin medida. ¿Quiénes son los santos más grandes? Los que han sido conscientes de haber sido muy perdonados, y que en virtud de eso han adquirido la fuerza de perdonar. Más aún: el reino de Dios es comparado a una luz tan potente que ilumina las tinieblas. Imaginemos que estamos en el desierto, rodeados de oscuridad; en cierto momento vemos en lo alto una ciudad iluminada y nos encaminamos hacia ella. Así es el poder del reino de Dios: en un mundo completamente oscuro es una luz en lo alto. Esto es lo que ocurre cuando te encuentras con un verdadero santo: en torno a ti están las tinieblas, pero encuentras luz en aquel sobre el que reina Dios. El reino de Dios es como la levadura: poderoso, aunque parezca poca cosa, y tiene el poder y la fuerza de fermentar toda la masa. El reino de Dios se parece a lo invisible, como una red lanzada en el mar que, sin embargo, tiene la capacidad de capturar todas las cosas, malas y buenas: cuando te encuentras con un verdadero santo te ves "capturado". No importa que te haga sentir indigno, lo que importa es que no desees huir. De todos modos no puedes escapar, pues se trata de una red invisible que se mueve sobre todo el mar. Es una realidad que al principio parece pequeña e insignificante, como la más pequeña de las semillas. Jesús no se cansa de exhortarnos hoy a no imaginarnos el reino de Dios como una potencia mundial, como un juego del Risk[8] con tanques y conquistas: su reino es poderoso, pero de la clase de poder que Él nos revela. Viene acompañado de exorcismos y magia, y de curaciones inexplicables, es decir, de acciones fuertes realizadas por Cristo.

¿Qué ocurre cuando Dios no reina en la vida de los hombres, cuando Cristo no es rey? Pues que los hombres, aunque se liberen, en realidad son esclavos: del dinero, del poder, de las opiniones de los demás hombres, etc., porque han puesto otros jefes, otros soberanos, en el lugar de Jesús. Él dice que el dinero es el verdadero rival de Dios. El ídolo del dinero es el amo.

La libertad del Evangelio

Centrémonos en nuestra parábola. Dice Jesús que el reino de Dios es una realidad preciosísima que, aunque se encuentre cerca, está

---

[8] Juego de mesa de conquista de países.

escondida bajo tierra, no es evidente para todos, no todos se dan cuenta de ella. Ves en qué medida es precioso ese reino sólo cuando lo has encontrado de verdad. Si verdaderamente has encontrado a Cristo, reconoces que es más valioso que cualquier otra cosa.

¿Por qué elegí hacerme sacerdote? Por mi propio interés, punto. He sido "un chico afortunado", como dice Jovanotti[9]. Lo he tenido todo en la vida, sin ningún problema económico, ni con las chicas ni con los amigos. Simplemente, nada de lo que vivía me llenaba la vida.

Creo que puedo tener compasión de los ricos porque he sido rico y sé perfectamente que la vida de los ricos es igual de dolorosa que la del resto. ¿Qué es lo máximo que puede darte la vida? ¿Dos chicas de compañía?, ¿buenos viajes? ¿Eso es todo? ¿Y luego inyectarte cocaína porque ya no eres capaz de disfrutar? ¿Eso es lo máximo que puede darte la vida?

No hay nada malo en un restaurante con estrellas, en comer bien o subir a esquiar a la montaña. ¿Es eso malo? En absoluto. Pero el problema está en que no te llena todo el corazón, no es suficiente para ser feliz. De verdad. No cambiaría la vida que me ha dado Dios por

---

[9] Lorenzo Jovanotti, cantante rap–pop italiano.

ninguna de estas cosas. Si me dijeran: «Fíjate, en este instante podrías estar en Saint Moritz, en las mejores pistas, o en una piscina de hidromasaje con una, dos, tres modelos», no lo cambiaría por la vida que tengo. Y es la verdad: el encuentro con Cristo es un tesoro valiosísimo. Es una perla preciosa. Y no todo el mundo sabe valorarla, pero tú eres totalmente consciente de que has hecho el negocio de tu vida.

¿Qué es un *memento mori*? Es el recuerdo de la muerte. Tiene una función positiva, no se hacía para asustar. Su razón de ser era muy alentadora: pensar en la muerte para reflexionar, para pararse a relativizar las cosas que nos mueven en la existencia, nuestros afanes. Acordarte de la muerte en ciertos momentos te lleva a volver a mirar, a redimensionar lo que vives, a no absolutizar los problemas que tienes y las cosas a las que te enfrentas.

Hay una parábola que señala hasta qué punto Jesús no es ni clasista, ni pobretón, ni contrario a los ricos. No advierte contra el hecho de tener muchos bienes, ni dice que sea incorrecto administrarlos con acierto. Pero sí avisa a todos frente a la codicia y el afán de acumular. Dice en *Lucas* 12, 13-21: «Estad atentos y permanecer alejados de toda codicia. Porque aunque uno tenga en abundancia su vida no depende de lo que posee».

Para ser sinceros, nuestro corazón sabe que los bienes materiales nunca bastan; acumular para asegurar el futuro, para acallar el miedo a la muerte, es una esperanza destinada a la desesperación.

La codicia lleva al hombre a actuar planeando un futuro que en realidad no tiene a su disposición. No puedes resguardarte del futuro si te esclavizas con inquietudes que te incapacitan para vivir el presente. ¿Cuál es el origen de esta codicia? Pablo la define como idolatría, es decir, convertir en dios una cosa inanimada, adorar una realidad muerta e incapaz de relación, poner tu esperanza en algo, pero no en Alguien (con mayúscula). Jesús dice que este es el fin de quien acumula tesoros para sí y no se enriquece de cara a Dios. Nosotros nos dirigimos hacia donde creemos que está el verdadero tesoro de la vida.

Cuando hablaba antes del "máximo" que nos puede dar el mundo, quería subrayar que es un tesoro ficticio, que lo más que puede dar la vida es bien poco. Incluso quien más inmerso se encuentra en estas cosas sabe perfectamente que su vida es pobretona, que carece de satisfacciones apropiadas y verdaderas.

Para un creyente la vida cristiana es auténtica cuando tiene su tesoro puesto en las cosas de arriba. San Felipe Neri solía repetir: «Paraíso,

Paraíso...». Había un chico prometedor que asistía a los primeros encuentros del oratorio. Vestía bien (visitaban a san Felipe personas de todos los niveles sociales) y decía: «Cuando haya hecho tal cosa, entonces haré esta otra...»; y Felipe comentaba: «Bien, bien, ¡muy bueno! ¿Y luego?». Y el otro seguía: «Luego, hecha esa otra cosa, haré...»; y Felipe: «Bien, ¿y luego?». ¿Luego? Luego llega la muerte. Es preciso pensar en la muerte de vez en cuando para tener la perspectiva justa: no por miedo, sino para darle el valor adecuado a toda nuestra existencia.

El Evangelio rompe con todo moralismo. En un determinado momento Pedro hace una pregunta verdaderamente interesada a Jesús: «Mira, nosotros lo hemos dejado todo y te hemos seguido: ¿qué recompensa tendremos?» (*Mt* 19, 27). ¿Os parece una pregunta adecuada? ¿Qué le dijo Jesús? ¿Acaso le gritó? ¿O le atacó? No. Y pensad que cuando predijo su muerte en la cruz, Pedro le respondió: «Dios no lo quiera, Señor. ¡Esto no te ocurrirá jamás!» (*Mt* 16, 22). Y en esta ocasión Jesús replicó al primer papa: *Vade retro* («¡Aléjate de mí, Satanás! Eres ocasión de escándalo porque no piensas como Dios sino como los hombres», v. 23).

Ante aquella pregunta interesada, Jesús no se hace el ofendido, no dice: «Pero cómo, ¿no te basto yo? Mis enseñanzas, la sabiduría que te estoy regalando, ¿no son suficientes para ti?». No se limita a prometer algo en un futuro muy lejano, indefinido. No le promete sólo el honor de sentarse sobre doce tronos a juzgar las doce tribus de Israel. Jesús responde a Pedro con el mismo modo concreto, baja a su nivel y le dice que recibirá cien veces más en «casas, campos, hijos, hermanos, hermanas, y como herencia la vida eterna» (*Mt* 19, 29).

En una palabra, por muy duro que pueda parecer, Jesús no pide a sus discípulos que sean desinteresados. Más bien define el objetivo, el tesoro, la regla para la vida presente. Sinceramente, este es el motivo por el que me hice sacerdote, tratando de elegir lo mejor. ¿Y qué es lo mejor? Jesucristo. Es la única cosa sobre la que nunca tengo la mínima duda, jamás.

En un cierto momento Jesús dice: «Donde esté vuestro tesoro, allí estará también vuestro corazón» (*Lc* 12, 34). Donde creas que hay algo realmente valioso para tu vida, allí se encuentra también tu corazón. Nuestro corazón cuida de lo que considera importante, de gran valor, digno de ser deseado. Y entonces Jesús nos invita a revisar nuestros criterios sobre qué es lo valioso para nosotros. ¿Sabéis la verdad? No me preocupan los que están más lejos, los que no van nunca a Misa: este Evangelio del reino de Dios es un desafío mucho mayor para aquel que no falla a misa pero en el fondo se encuentra triste.

Jesús ha dicho: «Venid, tomad, comed, este es mi cuerpo». Nos invita. ¿No queréis venir? Pues quedaos en vuestra casa. Peor para vosotros. Cuando me digan: «¡Ah, padre, este domingo no pude venir!», les responderé: «Primero, ¿qué me importa? Segundo, peor para ti». Y lo pienso de verdad.

¿Qué hay más bonito que ir a Misa? De verdad, creo que nada. Durante años, yo que lo he tenido todo, encontraba mi único momento de luz cuando los domingos iba a la misa. Me gusta beber, salir, tocar la guitarra, no soy una persona triste. Pero sé perfectamente que estas cosas nunca me han llenado el corazón. Tenemos un corazón demasiado grande. En cambio, este tesoro que es Jesús sí que puede llenarnos.

De este modo, más allá de las apariencias, un verdadero cristiano es un salvaje, alguien anárquico. Vive entre los demás, trabaja con ellos, ríe, come, duerme con los demás, pero al no tener su tesoro en la tierra es indomable, incontrolable, alguien a quien no puedes comprender por completo. A los otros les resulta irreductible, incomprensible, esquivo, no lo logran explicar. Libre es el nombre del verdadero cristiano: «La verdad», dice Jesús, «os hará libres» (*Jn* 8, 32).

Y como decía san Felipe, ¿habéis visto a los bufones de los pueblos, que se pueden permitir decir cualquier cosa porque no se toman en serio este teatro que es el mundo? «Vanidad de vanidades (…), todo es vanidad» (*Qo* 1, 2), la gente es lo que tiene, pero al atardecer, al final de la vida, ¿qué será? Todo es vanidad. ¿Qué queda al final de la vida? De los doctores, comendadores, del dinero, ¿qué queda? ¿Qué queda de la belleza? Todo se aplana, todo pasa, todo se marcha. ¿Qué permanece? Es preciso apuntar hacia lo que es eterno, y esto es lo que significa ser racionales.

«¡SÁLVATE A TI MISMO Y A NOSOTROS!»

Como decía Pascal, debes apostar por lo eterno, no por las cuatro baratijas que puede darte la vida. Lo digo con todo respeto, porque es necesario ser prudentes con los bienes que tenemos. Pero los cristianos tenemos experiencia de un tesoro inaudito, fuente de libertad, que Jesús describe así: «Dichosos aquellos siervos a los que al volver su amo los encuentre vigilando. En verdad os digo que se ceñirá la cintura, les hará sentar a la mesa y acercándose les servirá» (*Lc* 12, 37). Es decir, que en un momento caes en la cuenta de que tienes a tu servicio al mismo Dios, el Dios del universo, inclinado sobre ti. Esto es un tesoro. Dios no está distraído, no es descuidado, sino que te sirve. El verdadero cristiano, quizá en la hora del dolor, tras una larga espera, descubre por fin que Dios ha venido para ponerse —de forma increíble— a su servicio. Y desde entonces la vida no vuelve a ser nunca más como antes.

En las parábolas que hemos escuchado se habla de la belleza del reino de Dios. El reino de Dios es Cristo; es poderoso, actúa, entra en la historia. Este mismo año, ¿sobre cuántas almas está Cristo reinando como un soberano absoluto? Sabemos que este reino está creciendo, que crece el número de hombres y mujeres que dicen ''sí'' sin reservas. Podría tratarse de hombres y mujeres que no te esperas. Algunos de los que dicen ''sí'' pueden encontrarse en posiciones muy altas, quizá viven sus paseo en yate, su semana blanca, el restaurante de lujo, como un deber del que están completamente desprendidos pues saben que su tesoro está en otra parte. Y viven la misma experiencia que aquel que, aunque sea muy pobre, se siente señor de la tierra porque sabe que tiene a Dios a su lado. Y estos dos se saben más hermanos que muchos otros que esto no lo entienden en absoluto.

Pongamos juntas estas dos imágenes, la de la perla preciosa y la de la red que tira hacia arriba.

Soy una persona alegre, y esa alegría nace del hecho de que de niño, de adolescente, siempre he pensado en la muerte y siempre he tenido la impresión de que la vida es breve y debo vivirla con intensidad: debo hablar bien, querer bien. También hoy: como si esta fuese la última vez que puedo hablar con alguien acerca de Jesús.

Si haces las cosas como si fuera la última vez, las harás siempre al máximo: la última vez que das un beso a alguien, la última que preparas una cena, la última que das una vuelta en moto, la última que... ¿Sabes con cuánta pasión las harías? En cambio, si las consideras innumerables, te aburrirás de todo, todo te parecerá banal y repetitivo.

Cristo nos captura como una red invisible, y saca dos peces, uno bueno y otro malo. Como los dos ladrones en el Calvario. La tradición ha llamado Dimas al buen ladrón, que no era para nada bueno porque nunca había hecho nada bueno. La red, invisible, en ese momento es Jesús. Y tirando hacia arriba hace que salga a la superficie el corazón de estos dos hombres. Uno comienza a insultarle: «¿Acaso no eres tú el Cristo? ¡Sálvate a ti y a nosotros!» (*Lc* 23, 29). El otro le dice: «¿Ni siquiera tú, que estás en el mismo suplicio, temes a Dios? Nosotros estamos aquí justamente, porque recibimos lo merecido por lo que hemos hecho» (40–41). Acepta, se sabe indigno, y lo único que dice es: «Jesús, acuérdate de mí cuando entres a tu reino» (42). Y Jesús le responde: «En verdad, en verdad te digo: hoy estarás conmigo en el Paraíso».

El primer santo en el paraíso es un ladrón que no ha cambiado su vida, que no ha hecho nada, que sólo ha recibido al rey, diciéndole: «Tú eres rey, yo creo que tienes un reino y sólo te pido que te acuerdes de mí». El mero hecho de haber reconocido la realeza de Jesús, pidiéndole que le recordara, ha supuesto la salvación eterna de este hombre. «Hoy estarás conmigo en el Paraíso» (43). Este es el pasaje del Evangelio que querría para mi funeral.

Dios no cambia, Jesús no cambia. En este momento Jesús vive, reina, piensa y quiere.

Hoy mismo podría comenzar algo muy diferente en nuestras vidas. En secreto, sin que lo sepa siquiera la persona que pasa a nuestro lado, podemos decir: «Señor, yo no soy digno, no he restituido ni siquiera el mal que he hecho en mi vida. Sin embargo, hoy creo que *tú eres rey*».

De ese modo la vida se transforma, y descubriremos que no hay nada más hermoso que decir: «Venga tu reino, venga tu reino, ven señor, que aquí ya no podemos más...».

5. LA PARÁBOLA DE LOS TALENTOS

[DESVELAR EL SENTIDO DE LA VIDA]

Serafino Tognetti

Porque es como un hombre que al marcharse de su tierra llamó a sus servidores y les entregó sus bienes. A uno le dio cinco talentos, a otro dos y a otro uno sólo: a cada uno según su capacidad; y se marchó. El que había recibido cinco talentos fue, trabajó con ellos y ganó otros cinco. Del mismo modo, el que había recibido dos ganó otros dos. Pero el que había recibido uno fue, hizo un hoyo en la tierra y escondió el dinero de su señor. Después de mucho tiempo, regresó el amo de dichos servidores e hizo cuentas con ellos. Cuando se presentó el que había recibido los cinco talentos, entregó otros cinco diciendo: «Señor, cinco talentos me entregaste; mira, he ganado otros cinco talentos». Le respondió su amo: «Muy bien, siervo bueno y fiel; como has sido fiel en lo poco, yo te confiaré lo mucho: entra en la alegría de tu señor». Se presentó también el que había recibido los dos talentos y dijo: «Señor, dos talentos me entregaste; mira, he ganado otros dos talentos». Le respondió su amo: «Muy bien, siervo bueno y fiel; como has sido fiel en lo poco, yo te confiaré lo mucho: entra en la alegría de tu señor». Cuando llegó por fin el que había recibido un talento, dijo: «Señor, sé que eres hombre duro, que cosechas donde no sembraste y recoges donde no esparciste; por eso tuve miedo, fui y escondí tu talento en tierra: aquí tienes lo tuyo». Su amo le respondió: «Siervo malo y perezoso, sabías que cosecho donde no he sembrado y que recojo donde no he esparcido; por eso mismo debías haber dado tu dinero a los banqueros, y así, al venir yo, hubiera recibido lo mío con los intereses. Por lo tanto, quitadle el talento y dádselo al que tiene los diez. Porque a todo el que tiene se le dará y tendrá en abundancia; pero al que no tiene incluso lo que tiene se le quitará. En cuanto al siervo inútil, arrojadlo a las tinieblas de afuera: allí habrá llanto y rechinar de dientes».

(*Mt* 25, 14–30)

Se nos han dado las parábolas de Jesús para que podamos comprender la vida de Dios y, en consecuencia, la vida del hombre.

Cuando cada uno se hace una divinidad propia, un ser "superior" genérico para uso y consumo propio, se entra en la mitología y se sale de la verdadera religión, se sale de la verdad. Esto sucede —sólo sea por señalar un ejemplo— cuando muere un personaje conocido, un deportista, un actor; inevitablemente aparece alguien que afirma que tal piloto de coches continuará corriendo por las pistas del Cielo, que esa estrella del espectáculo seguirá divirtiendo a los que le escuchen en el Paraíso. Así nos construimos imágenes que afirman la vida después de la vida, pero que son falsas, vacías, mitológicas. El Dios verdadero es otra cosa. De Él nos ha hablado Dios mismo, Jesús, que es el Verbo de la verdad.

Sabemos que Jesús se sirve de imágenes comunes y populares para transmitir verdades que luego permanezcan en la mente, constituyan un patrimonio para la memoria y se apliquen con facilidad a la vida moral y en las elecciones según Dios.

El día en que contó la parábola de los talentos, el Señor dijo que no todos hacen buen uso de los bienes que reciben y que por esta razón no podrán, por su propia culpa, participar de la alegría de su maestro. En esencia, habló de la alegría del Paraíso y de la desolación del Infierno. Este aspecto suele generalmente dejarse a un lado cuando se comenta la parábola, porque hoy ni gusta ni es agradable hablar del Infierno. Pero nuestro Señor no pensaba de ese modo. La parábola muestra que cuando vuelve el señor «después de mucho tiempo» para pedir cuentas de lo que todos han producido, un siervo, cualquiera de nosotros, puede resultar malvado, astuto, inútil; y la suerte que espera a quien se encuentra en este estado es la de ser expulsado fuera, a las tinieblas, donde se encuentra «el llanto y el crujir de dientes».

Entremos en el contexto: se cuenta de un señor que antes de partir a un largo viaje entrega una cierta suma de dinero a sus siervos. A su vuelta les llama para que rindan cuentas, y mientras que varios de ellos han trabajado para aumentar el capital, otro no ha hecho nada. Los primeros reciben un premio, el otro es severamente castigado, se le expulsa de la casa del amo y su talento se entrega al que tenía diez.

De ese modo aprendemos que, al final, habrá un examen para todos. ¡Oh!… Había quien pensaba que en cambio se iría directamente al Paraíso "sin pasar por la casilla de salida", como se decía al jugar al Monopoli. Esta afirmación corre el riesgo de ser problemática, sobre todo si se señala que también existe la posibilidad de fracasar. Además, lo digo, nos asombra la severidad de la culpa. Aquí no hay recuperaciones en septiembre, no hay espacio para el buenismo.

Si nos llama la atención esta actitud del amo significa que no comprendemos la justicia del examinador ni la gravedad de la culpa de quien no aprueba el examen.

La contraposición entre los servidores malvados y el amo se acentúa y dramatiza en la versión de Lucas. En ella el maestro es un hombre noble destinado a ser rey, aunque algunos ciudadanos eran tan contrarios a este proyecto que «mandaron una delegación a decir: no queremos que este venga a reinar sobre nosotros». Dice la parábola textualmente que la causa de estar en contra se debía al odio de este grupo de gente: «Sus ciudadanos le odiaban» (*Lc* 19, 14): a tanto puede alcanzar la maldad de quien no acepta la realeza de Cristo, de quien no quiere vivir según las leyes divinas sino según las propias. Estamos todos llamados a una elección fundamental: ¿quiero vivir según mi modo de vida o prefiero acoger el proyecto de Dios? El Señor nos invita a ser sabios y a elegir bien, pues de otro modo nos parecemos a aquel rey que con diez mil hombres quería vencer a otro que tenía veinte mil: si insiste en su estupidez irá al encuentro de una derrota cierta; en nuestro caso el epílogo es drástico: «Y a aquellos enemigos que no querían que yo fuera su rey, traedlos y matadlos delante de mí» (*Lc* 19, 27). Son palabras que deberían suscitar cierta inquietud y temor…

Repartiendo sus bienes entre los siervos, el señor espera que esos bienes aumenten tras un cierto tiempo. Este crecimiento deriva de las aptitudes creativas, organizativas e intelectuales del trabajador, aunque también hay una capacidad en el propio bien recibido, pues de algún modo contiene una dinámica interna que se puede descubrir y desarrollar, como la semilla que germina bajo tierra transformándose con el tiempo en una planta inmensa.

Esta es la experiencia común del ser humano: todos nacemos en una familia, en un contexto, en un ambiente donde gozamos del fruto del trabajo de quienes nos precedieron. Nacemos y nos encontramos rodeados de una naturaleza maravillosa que nos ha dado Dios: el sol, las montañas, los ríos, los animales…, todas las cosas que no nos damos a nosotros mismos, sino que encontramos ya a nuestro alrededor; además hay farolas, calles, puentes, catedrales, bicicletas, relojes, etc., que no hemos inventado ni construido nosotros y que recibimos como patrimonio de aquellos que nos precedieron sobre la Tierra. Por nuestra parte, somos llamados a mejorar todo para dar a quien venga después de nosotros realidades más perfectas y bellas. Con los descubrimientos de la química, la física, las ciencias, hoy puedo proyectar una máquina que llegue a Marte, quizá mañana a Júpiter, igual que puedo pensar que antes o después alguien invente el modo de desalinizar el mar o de operar el corazón de uno que está en Nueva York con un ordenador robotizado desde Roma.

Vemos en estos ejemplos una propiedad del bien: cuando crece tiende a difundirse de modo que un número cada vez mayor de personas pueda gozar de él. De ese modo, la parábola señala que, según su capacidad y la cantidad de los dones recibidos, a todo hombre se le ha entregado la posibilidad de hacer crecer el bien a su alrededor.

Nos preguntamos: ¿es sólo esto el bien del hombre? ¿Su bienestar físico? Cierto que en primer lugar todos tienen que procurarse un plato sobre la mesa, un techo sobre la cabeza, una ropa que ponerse… Estos son los bienes primarios, y es justo que el hombre se afane y se las ingenie para dotar de ellos a las personas que le importan, y a sí mismo. Pero luego vienen los bienes espirituales, las exigencias de dar sentido a las cosas y responder a las grandes preguntas de la vida. Nuestra inteligencia necesita buscar ese sentido, el porqué del bien moral pues, como hacía ver el cardenal Giacomo Biffi[10], sin un significado a la larga se hace insoportable hasta el placer.

En toda cultura y tiempo, el hombre ha buscado las respuestas para resolver el problema de la muerte y del sufrimiento. Basta con leer los pensamientos del gran Pascal: ¿por qué estoy aquí y no allá? ¿Por qué en este momento y no en otro? Y también: ¿por qué no hay justicia en el mundo?, ¿por qué los buenos no son premiados y parece que prosperan los prepotentes? Las preguntas no tratan únicamente de lo que vemos fuera de nosotros: también en nuestro interior se agitan fuerzas que nosotros mismos desconocemos. San Pablo, que había tenido una experiencia del Salvador realmente profunda, escribe en la carta a los Romanos: «Veo el bien y hago el mal» (*Rm* 7, 19). Y se pregunta: ¿cómo es posible? ¿Qué ocurre en mí que me hace preferir el mal cuando sé perfectamente que en él se encuentra mi ruina?

Frente a estas cuestiones, algunos corren el riesgo de hacer como el siervo malvado de la parábola, que por miedo entierra el talento que ha recibido; así nos ocurre a nosotros si, por miedo a enfrentarnos a los aspectos inquietantes de la existencia, los enterramos evitando eliminarlos.

---

[10] Fallecido en 2015, fue cardenal de Bolonia desde 1984.

La respuesta a todas estas preguntas nos la da la sabiduría del Evangelio. El Señor nos invita a buscarlas con la fuerza de la fe: «Pedid y se os dará; buscar y hallaréis; llamad y se os abrirá; porque cualquiera que pide recibe, y el que busca encuentra, y a quien llama se le abrirá» (*Mt* 7, 7-8). Es necesario buscar, llamar, perseverar, hacer fructificar los talentos recibidos para obtener las respuestas adecuadas.

La búsqueda no es únicamente científica: en primer lugar, es antropológica, filosófica y teológica. Lo que mueve el mundo es el pensamiento, y por eso podemos afirmar que los auténticos buscadores de la Verdad son los santos, pues "escrutan" las Escrituras para encontrar las respuestas de Dios a las grandes cuestiones del hombre. Y el Magisterio de la Iglesia recoge, junto a las enseñanzas de los santos, los logros de los santos Padres del pasado, útiles también hoy porque valen siempre.

Las respuestas que podemos encontrar son auténticas en la medida en que abren a preguntas todavía más profundas; la belleza que alcanzamos, el bien que logramos recibir y que difundimos, son sólo primicias, estímulos, señales, que nos empujan a desear mucho más. Divo Barsotti[11] escribía: «La vida presente no

---

[11] Sacerdote italiano, vivió entre 1914 y 2006, y fue autor de 155 libros y profesor de teología espiritual y

es la vida de la realización. Vivamos solamente para aprender a desear la vida». Y a propósito del conocimiento escribe: «El cristiano debe saber siempre que cualquier formulación del misterio que se ha confiado a la Iglesia es solamente apenas un atisbo».

Pensemos por ejemplo en santa Teresa del Niño Jesús, elegida doctora de la Iglesia aunque muriera a los 24 años sin títulos académicos y sin haber escrito apenas nada. Si es "doctora" significa que descubrió algo, y haber sido propuesta como tal a la Iglesia universal supone que su descubrimiento es una novedad, una profundización nunca alcanzada hasta entonces. Con su doctrina de la infancia espiritual, santa Teresita se convirtió en "patrimonio" de toda la Iglesia.

La señal de que estamos utilizando bien los talentos de nuestra inteligencia es la creciente conciencia de la inmensidad de los misterios en los que estamos inmersos. Y la impresión de que, cuanto más entendemos, menos entendemos. De nuevo Divo Barsotti: «El mejor conocimiento de Dios es este sentido, este reconocimiento, de nuestra ignorancia». Dicho con

---

sacramental durante treinta años en la Facultad teológica de Florencia.

otras palabras: cuando nuestras preguntas llegan a ser tales que no aceptan una respuesta que no sea la visión de Dios, estaremos procediendo bien, porque la respuesta a nuestro anhelo hacia la Verdad será: «Siervo bueno y fiel, pasa a formar parte de la alegría de tu señor».

Entre las realidades que se nos dan en estado germinal, en "potencia", está también la capacidad de amar. Al crecer, encontramos en nosotros esta facultad. El primer desarrollo que conoce el hombre del amor es el enamoramiento: una fuerza arrolladora que descubrimos en nosotros y por la que estamos dispuestos a hacer de todo, también locuras, por la persona amada. Luego nos damos cuenta de que no solo existe este instinto natural, sino el amor maduro que nos lleva al sacrificio, a la renuncia, a querer el bien del otro. Creciendo llegamos a experimentar las diversas expresiones del amor: hacia el amigo, hacia la esposa o el esposo, hacia la patria, las cosas bellas y justas de la vida y, por encima de todas ellas, el amor a Dios y de Dios por nosotros.

«Has sido fiel en lo poco: recibe lo mucho»

A estas alturas podemos preguntarnos: ¿qué es este poco y qué es este mucho?

Un aspecto del poco es, por ejemplo, el poco amor que conseguimos dar y recibir en comparación con las grandes expectativas de nuestro corazón. Este querría o bien dar más o bien recibir más, y por eso mismo estamos siempre inquietos e insatisfechos. Debemos saber que Dios es el amor, y que todo acto nuestro de amor verdadero tiene en Él su origen y fuente. Nunca podremos amar de un modo tan puro que poseamos la plenitud de esta capacidad. De hecho, muchos parecen contentarse, cobijados en los mandamientos de Dios, con una línea de flotación mínima, centrada en no matar, no robar, no mentir, etc. Pero esto no es el verdadero amor. Si el amor no dice nunca basta, como el fuego, debemos tener valor, conocer la "pasión" de Dios, que ha muerto en la cruz por nosotros. Más que amar a Dios deberíamos, sobre todo, "dejarnos amar por Él", que es más difícil de lo que suele pensarse porque al comprometernos nos viene el miedo de perder nuestra independencia y libertad. Pero la verdad es lo contrario: si nos dejamos amar por Dios, libremente, le permitiremos encontrar espacio en nosotros, y amaremos a los hombres incluyendo a nuestros enemigos. «No hemos sido nosotros quienes hemos amado a Dios, sino que Él nos ha amado a nosotros» (*1Jn* 4, 10). Si vivimos esta docilidad, nuestros mismos actos de amor se purificarán al fuego y se volverán plenos, totales, absolutos, como desea el Señor.

De la respuesta a este don de Dios, que es su Hijo amado que se nos ha dado, depende todo el bien y todo el mal que hay en el mundo. De la respuesta positiva nacen los santos, de la negativa los demonios. La vida del hombre no es una nadería, un tiempo para divertirse. Y su tarea principal no es evitar lo más posible los malos momentos, ni buscar en la medida de lo posible satisfacciones, o probar todos los placeres posibles. El hombre tiene una dignidad incomparable porque le pertenece la tarea de elegir su destino eterno: es llamado a decir sí o no a un Dios que pide ser amado.

LOS MIEDOS DEL SIERVO MALVADO

Sin embargo, hay quienes consideran esta dignidad como una violación de su libertad porque no quieren recibir de los demás los propios dones, quieren ser principio de sí mismos, no quieren depender de nadie. Han recibido talentos, como todos los seres humanos, pero no pretenden llegar a más, perfeccionarse con los demás... Parece como si les fastidiara no haber sido ellos los creadores de esos talentos. Entonces "van", hacen parte del camino e incluso algún esfuerzo por cavar un hoyo. Más que mirar hacia lo alto, miran hacia abajo. Esconden el talento, es decir, se esfuerzan por ocultar de su propia mirada el

bien que han recibido. De este modo, habiéndo-
lo enterrado, en adelante no logran ver el bien
nunca más.

El siervo malvado se ha privado voluntariamen-
te del bien. ¿Qué le queda? El mal o, si nos ponemos filosóficos, la nada. El Señor lo llama con
justicia "siervo malvado"; y con justicia lo llama
perezoso porque, al no producir ningún tipo de
fruto, no podrá vivir sino como un parásito, apro-
vechándose de los bienes producidos por otros.

Tal siervo se ha puesto al servicio del mal no
por unos días, sino por "mucho tiempo" (todo
el tiempo en el que el amo estaba lejos), y durante este tiempo no parece arrepentirse, pararse
a pensar y volver para recuperar el talento. Se
obstina en el mal y se aprovecha en lo posible de
los bienes de los demás. Persevera en el mal: es
infiel en lo mucho porque es infiel en lo poco.

Son interesantes los motivos que ofrece este
siervo al señor recién tornado: «Tuve miedo, y
he ido a enterrar el talento». La perspectiva de
tener que devolver multiplicados los dones, en
efecto, puede crear un cierto temor: ¿lo conse-
guiré? ¿Será bastante lo que he hecho? ¿Estará
contento el señor? Lo que impresiona no es el
miedo, sino el planteamiento tan brillante del
siervo: como he tenido miedo, lo he enterrado
y luego me he cruzado de brazos sin hacer nada

más. En verdad, el remedio justo habría sido el que sugiere la misma parábola: para vencer el miedo es preciso trabajar y comerciar con los talentos, como hicieron los siervos buenos. Frente al misterio y lo Sagrado es justo que el hombre reaccione con temor. El salmo 110 afirma que «el principio de la sabiduría es el temor del Señor». Sabiduría que no tuvo Eva al ponerse a dialogar con Satanás, la astuta serpiente. Adán y Eva no volvieron a tener confianza en Dios, quedaron convencidos de que les escondía su secreto y de que, en consecuencia, no era bueno. Se fiaron del primero que vino y lo perdieron todo, especialmente la amistad con Dios. Por este motivo, cada vez que Dios se acerca al hombre, el hombre teme: «He oído tu voz en el jardín: tuve miedo, porque estoy desnudo, y me escondí» (*Gen* 3, 10).

Divo Barsotti observa que no debería asombrarnos «que sean pocos los creyentes», sino «que puedan existir», precisamente porque tras el pecado original «la reacción del hombre frente al Señor es la de fugarse». «He tenido miedo y me escondí», dice Adán, y el siervo malvado le hace eco: «Tuve miedo y he ido a esconder tu talento bajo tierra». Esconder es todo lo que se le ocurre al hombre para remediar las consecuencias dolorosas e inquietantes de su pecado.

El siervo malvado pierde el contacto con la realidad porque no ha usado con rectitud los bienes recibidos y, al ocultar los bienes, ha escondido también su propia razón. Así les pasa a los hombres que se encuentran hundidos en el pecado: terminan llamando bien al mal y mal al bien. De ese modo, el siervo se defiende de las acusaciones acusando por su parte al maestro de ser un hombre duro. De hecho, ¿cómo puede ser bueno y sabio un maestro que siembra donde no ha sembrado y recoge donde no ha esparcido? En sustancia, el siervo le acusa de ser un ladrón y un usurpador, alguien que se mete en los campos de los demás y recoge el grano que no ha sembrado en terrenos que no son suyos. El amo no se preocupa de desmentir las acusaciones del siervo, sino que rebate que si esta era su idea equivocada de Dios (a saber, que Dios fuera duro y pretencioso), con mayor razón debería haber hecho algo como confiar el talento a los banqueros y retirarlo con los intereses. Pero el muy vago ni siquiera se ha preocupado por hacer esto.

Atribuir a Dios los males que hay en el mundo no es algo novedoso: ocurre así desde tiempos de Adán y Eva. Como ya he dicho, la serpiente dialogaba con Eva sobre la presunta bondad de Dios, que no sería tal porque Él quería conservar para sí un secreto: que había dado una orden absurda (afirma la serpiente) porque sabe que una vez que se haya comido de aquel árbol los dos llegarían a ser "como Él". Por tanto, si esconde algo, es que Dios no se fía de los hombres: de esto a convencerse de la falta de bondad de Dios el camino es breve. Es una historia escuchada una y otra vez: llega un terremoto, y la culpa es de Dios que no ha protegido a sus hijos; llegan enfermedades y lutos, y no se nos ocurre pensar que la "culpa" sea del pecado del hombre, sino que se descarga la responsabilidad sobre Dios. Hasta ese punto alcanza la ignorancia y la maldad del hombre. Orgullo y humildad: es la lucha eterna en la vida espiritual del ser humano.

La narración llega hasta la paradoja: el siervo recibe todos los bienes de Dios, pero le acusa de ser un señor duro e injusto. ¿Cómo no ver en este siervo al hermano mayor de la parábola del hijo pródigo? También él se lamenta de la injusticia del padre, reacio a darle al hijo un cabrito para que festeje con sus amigos, y generoso a la hora de sacrificar el ternero cebado para la fiesta del hermano pecador e ingrato... Es el oscurecimiento de la razón, es la oscuridad total del hombre incapaz de ver en las cosas el signo de la ternura y de la bondad del padre. Sin embargo, ese hermano mayor recibe del padre la palabra más grandiosa del Nuevo Testamento: «Hijo, todo lo mío es tuyo». Bastaría con esto para caer en adoración, postrarse de rodillas y permanecer para siempre así. Pero eso no ocurre en la vida del hombre empecinado en la propia racionalidad irracional, en sus propios pensamientos contaminados.

Pues bien, «cada uno recogerá lo que haya sembrado. El que siembra en la carne, de la carne recogerá corrupción, quien siembra en el espíritu, del Espíritu recogerá la vida eterna» (*Gal* 6, 7-8), dice san Pablo. El día del juicio manifestará aquello en que nos hemos convertido con nuestras elecciones cotidianas. Los buenos verán que el "amo exigente" en absoluto es duro, porque tendrá muy en cuenta el poco bien que cada uno haya sabido ofrecer, y devolverá más allá de cualquier mérito incluso al que sólo haya trabajado por una hora. Parece que este también es el sentido de la respuesta más bien misteriosa del amo al siervo: «Tendrías que haber confiado mi dinero a los banqueros y así, a mi regreso, yo lo habría retirado con intereses».

PREMIO Y CASTIGO

Todo ser humano puede hacer algo para que fructifiquen los dones que haya recibido, y también Dios parece contentarse con poco, con el "salario mínimo". Así, en el fin de los tiempos nos encontraremos con quien ha trabajado toda la vida haciendo fructificar por completo sus recursos, el que ha entendido bien el sentido de su propia existencia, y con aquel otro que habrá hecho poco pero que al menos llevará consigo su talento aumentado por el interés bancario.

Este mínimo podría obtenerse como efecto del temor. No parece que el Señor regañe a nadie que haya obrado con esta perspectiva, al contrario, le anima a hacerlo: «Tendrías que haber dado tu talento a los banqueros…». Actuar bajo el impulso del temor es correcto, aunque no sea lo perfecto.

Este "mínimo" puede lograrse también, digamos, de manera inconsciente, sin la percepción clara de que se está trabajando por el Señor. Tal parece ser el sentido de la gran escena del juicio dibujada en el capítulo 25 del Evangelio de Mateo: «Tuve hambre y me disteis de comer; tuve sed y me disteis de beber». Cada acto nuestro tiene valor, y podemos decidir de cuando en cuando si usar nuestro talento como acto de amor (de piedad, de solidaridad) o guardarlo celosamente y no dar nada a nadie. Estos actos son fáciles de cumplir, pero exigen un mínimo de humildad. También un ateo puede sentir profunda piedad por una persona necesitada y ayudarla según sus posibilidades… De este modo realiza un acto bueno, que le será contado con justicia. De hecho, «no quien dice "Señor" entrará en el Reino de los Cielos, sino quien haya hecho la voluntad de Dios. Ese entrará en el Reino de los Cielos» (*Mt* 7, 21). Por lo demás, sabemos que la ley de Dios se encuentra escrita en nuestros corazones, según la gran enseñanza de san Pablo en la *Carta a los Romanos*, y Dios da a todos la posibilidad de salvarse siguiendo los dictámenes de la propia conciencia recta.

El rico de la parábola veía a Lázaro todos los días ante su puerta pero nunca se volvió para darle algo y aliviar su miseria. Debería haberlo hecho, porque también él tenía un corazón en el que hablaba la voz de Dios (en este caso, las tablas de la Ley). Pero ahogaba esta voz y, en cambio, satisfacía hasta el final sus pasiones con las riquezas acumuladas justa o injustamente (esto no se dice en el Evangelio, sin embargo es sencillo sacar conclusiones recordando las palabras del Salvador sobre la riqueza y sobre Mamón).

Nuestra salvación eterna parece depender de pequeños actos de amor más que de grandes y heroicas declaraciones de fidelidad. También los apóstoles cayeron en esta trampa: «¡Aunque tuviera que morir contigo, no te negaré!» (*Mc* 14, 31),

«¡vayamos también nosotros a morir con Él!» (*Jn* 11, 16). Sabemos cómo acabó la cosa. Por el contrario, ser bueno con quien tiene necesidad, quizá en nuestra comunidad de vecinos, dar de lo que nos sobra a quien no tiene nada, dedicar media hora de nuestro tiempo al prójimo que sufre, soportar con alegría a una persona presumida poniendo buena cara…, estas son cosas sencillas al alcance de la mano. ¡Cuántas ocasiones tenemos cada jornada para hacer fructificar los talentos que nos ha dado Dios!

El papel del banquero

A primera vista el banquero no parece un personaje demasiado espiritual. Lo imaginamos centrado en sí mismo, al caer el día, mientras cuenta sus ganancias de la jornada. O, en el mundo moderno, pensamos en el gran financiero que controla los gráficos de los movimientos en la bolsa, complacido por haber hecho crecer su capital con inversiones audaces e innovadoras. Tiene poco de espiritual… En cambio, en la parábola el banquero hace algo bueno al aumentar los bienes. Tratemos entonces de entender cuál podría ser su papel. Los banqueros son los máximos expertos en el arte de administrar y hacer crecer el dinero, como en la Iglesia seguramente hay servidores expertos en administrar y hacer rendir cualquier situación humana porque, por usar una expresión de san Pablo VI, la Iglesia es la máxima "experta en humanidad".

La Iglesia está llena de personas que saben comerciar muy bien con los talentos: los santos. Saben cómo hacer para multiplicar el rendimiento: con poco en el bolsillo, pero con mucha fe, realizan obras asombrosas. ¿No es maravilloso lo alcanzado por don Bosco, la Madre Teresa de Calcuta, san Ignacio de Loyola, sin contar con medio alguno? ¿Y quiénes eran estos, en qué eran distintos a nosotros? También ellos eran hombres o mujeres, con sus defectos como nosotros. Y en la Iglesia, alimentándose continuamente de los bienes depositados en ella (los Sacramentos), han multiplicado a la enésima potencia sus bienes haciendo gozar a tantas otras personas de las riquezas ganadas con su fe con obras. Los santos son al mismo tiempo los banqueros y los depositarios.

Es necesario dejarse ayudar, confiar nuestros talentos en ese banco que es la Iglesia para recuperarlos, multiplicados y purificados de toda forma de amor propio. Es preciso, con otras palabras, ser humildes, no creernos capaces de hacer todo por nosotros mismos, aprender a escuchar y a recibir al auténtico Maestro, tomar ejemplo de las vidas de los santos, acudir con frecuencia a los Sacramentos y a los sacramentales. Nadie se salva solo. Tenemos necesidad de la Iglesia, el gran banco donde se encuentra depositado lo santo.

«*Extra Ecclesia nulla salus*» es un dicho que sigue siendo verdadero, no se puede decir otra cosa.

ECHADLO FUERA...

La parábola nos habla de la perdición eterna. El Evangelio trata de esto con frecuencia y, sin embargo, es un tema que ha desaparecido de la predicación de la Iglesia en nuestro tiempo. No se niega, pero tampoco se habla y, al no tratarlo, se olvida la realidad de la condena. De hecho, afirmar la existencia del Infierno parece comprometer el sentido de la misericordia de Dios, quien no podría tolerar (dicen) que un alma se pierda para siempre. De este modo, en nombre de la misericordia, se niega la justicia, es decir se niega a Dios mismo.

El Infierno existe, y es eterno. Lo dice la Escritura y lo confirma el Magisterio (*Catecismo de la Iglesia católica*, n.º 1035). Dios no quiere que nadie se condene, y lo quiere hasta el punto de haberse encarnado y haber sufrido tormentos indescriptibles. Dios es amor y ama siempre. Dios sigue amando también al hombre que elige de modo pertinaz no ser amado, orgulloso incluso de preferir la propia desolación a la filiación divina. El condenado es el que, frente a la perspectiva de pedir humildemente perdón por las propias faltas, prefiere afirmar la propia perfección y el propio "yo". Y prefiere permanecer en esta situación de filiación perdida, de soledad extrema, de odio. Después de la muerte no habrá ni un minuto más, no existirá el tiempo como lo conocemos ahora. Lo que permanecerá es la elección que hayamos hecho, y esta será "eterna" porque ya no hay más minutos.

Si el Infierno no existiera o estuviera vacío, querría decir que el Paraíso se reserva para todos, pero tal cosa significaría que no tendría ningún peso comportarse bien o mal durante la presente vida porque la suerte final de todos ya estaría decidida. En ese caso habría dado lo mismo que el Señor nos hubiera creado directamente en el Paraíso. Por contra, las elecciones que se orientan hacia el bien o el mal son el verdadero índice de nuestra grandeza y dignidad. Enviar al Paraíso a alguien que no quiere ir obligaría a Dios a forzar su libertad, y reduciría de ese modo a los hombres a marionetas movidas por hilos que están en las manos de otro. Si el hombre es imagen y semejanza de Dios, tiene que ser libre.

De ese modo, decir que no puede haber una mala elección que sea definitiva equivale a decir que el hombre no tiene verdadera posibilidad de elegir, porque al final y por necesidad todos formarían parte de los buenos.

El amor siempre tiene la condición de la libertad. ¿Puede un joven que se ha enamorado de una chica que no le corresponde obligarla a amarle si ella no quiere? Amar es dar y recibir en un acuerdo libre y recíproco. De ese modo, tampoco Dios quiere una relación de amor de sentido único, sino que nos pone la condición de poder corresponder con nuestro amor con un libre consentimiento. Es decir, Él no puede "obligarnos" a que le amemos, esa no es su naturaleza: Dios es amor.

Cada uno está llamado a decidirse por Dios o contra Dios, y los medios que nos da para llevarnos a una respuesta positiva son innumerables: realmente no podemos acusarle de no habernos dirigido cien mil veces hacia el buen camino. Jesús, a continuación, habla de fe, de obras buenas, de humildad, caridad, esperanza. «Si alguno me ama, guardará mi palabra y mi Padre lo amará y vendremos a él y haremos posada en él» (*Jn* 14, 23). «Esto es el amor: caminar según sus mandatos» (*2Jn* 1, 6). San Pablo nos asegura más tarde que «cualquiera que invoque el nombre del Señor será salvo» (*Rm* 10, 13).

El grito de Pedro mientras se hundía en el lago agitado, «¡sálvame, Señor!», es la condición ideal del hombre que tiende hacia el orgullo: siente que las fuerzas del mal lo llevan hacia el fondo, hasta ahogarse y morir, y se dirige con energía al único que puede salvarle, a quien permanece en pie sobre las olas. Pero es necesario que grite.

Tuvieron una impresión similar los tres pastorcillos de Fátima cuando, el 13 de julio de 1917, para su sorpresa, contemplaron una inesperada visión del Infierno. Les removió hasta tal punto que a partir de ese momento no hacían otra cosa que realizar actos de penitencia y mortificación para ayudar a las almas a no caer en ese abismo.

De hecho, la Señora había dicho que eran muchos los que iban al Infierno porque ninguno rezaba ni se mortificaba por ellos. Así supieron que ellos podían hacer algo para evitar que las almas, creadas para la gloria, terminaran, por culpa de su loco orgullo, en aquel lugar de perdición. ¡La Reina del Cielo les había confiado que ellos, pobres niños, tenían ese poder ante Dios! Colaborar con la salvación de los hermanos: qué gran misión. Los dos hermanos, Francisco y Jacinta Marto, se han santificado (han sido canonizados) no porque vieran a la Señora —en esto no había mérito alguno por su parte— sino porque en su breve tiempo de vida tras las apariciones lo dieron todo por "salvar" las almas de las llamas del Infierno.

Pero si el Infierno no existe, o si estuviera vacío, todo esto hubiera sido una broma, una burla por parte del Cielo… En cambio, no hay nada más sagrado y serio.

EL TALENTO RECIBIDO POR QUIEN TIENE DIEZ

¿Por qué se le da al que ya tiene diez el talento que el siervo malvado no ha hecho rendir? Parece una decisión desconcertante, y genera perplejidad en los demás siervos: «Señor, ¡ya tiene diez!» (*Lc* 19, 25). Poco falta para que estos consideren injusto al amo.

Pero sabemos que «mis caminos no son los vuestros, mis pensamientos no son vuestros pensamientos» (*Isaías* 55, 8-9). El maestro no quiere que el talento enterrado se malgaste, de modo que mejor dárselo a quien ha demostrado que sabe trabajar bien y hacer fructificar los dones de Dios. ¿Pero por qué precisamente al que tiene más que nadie? ¿No podría distribuir estos dones mejor y entregárselo al que tiene cinco? Jesús mismo ofrece una explicación: «Al que tiene se le dará y tendrá en abundancia». A estas alturas hemos comprendido cómo razona el Señor: el talento no es para el bien personal del hombre, no está para satisfacer sus propias necesidades, y el santo que haya recibido el undécimo talento lo pondrá inmediatamente en circulación, en común con los hermanos, para que todos puedan disfrutar de su trabajo adicional. Santo Tomás de Aquino escribe sobre esto: «Finalmente, la vida eterna consiste en la feliz fraternidad entre todos los santos. Será una comunión de espíritus máximamente dichosa porque cada uno tendrá los bienes de todos los demás bienaventurados. Cada uno amará al otro como a sí mismo y por esto gozará del bien del otro como si fuera el suyo. Así la alegría de cada uno se hará más grande cuanto mayor sea la alegría de los demás santos» (*Conferencias sobre el Credo*).

Epílogo

Cuando era apenas un niño, en mi parroquia de Bolonia falleció de una leucemia fulminante una chica de dieciséis años. Se llamaba Laura Romiti. El suceso nos impresionó mucho a todos porque era una joven luminosa, alegre, generosa, comprometida con la parroquia, siempre presente, que rezaba y ayudaba como catequista. Además, era muy guapa.

Ordenando sus papeles, los familiares encontraron en el cajón un cuaderno en el que Laura escribía sus pensamientos, las primeras poesías, sus reflexiones. Les pareció tan profundamente hermoso que, de acuerdo con el párroco, publicaron esos pensamientos en un libro.

Uno de ellos afirma: «Dicen que la vida es un regalo. No es verdad. La vida es un préstamo».

Es algo que todavía me hace pensar. Si recibo un regalo de un amigo, ese objeto se hace mío. Me regalan un cuadro y pasa a ser de mi propiedad, hago con él lo que quiera: puedo colgarlo en el salón, meterlo en el desván, regalárselo a otra persona…, en realidad puedo hacer lo que me plazca porque es mío. En cambio, si me prestan un libro, deberé tener cuidado de usarlo diligentemente, no estropearlo, de manera que el día de mañana pueda devolverlo como lo he recibido. Incluso puedo mejorarlo, forrándolo con una cubierta elegante o reparando cualquier parte que estuviera estropeada.

Así pasa con la vida que recibimos de Dios. Tendremos que devolverla. Posiblemente mejorada. Con obras buenas.

6. LA PARÁBOLA DE LA CIZAÑA

[SOBRE EL ÍDOLO DE LA RESPONSABILIDAD]

Giulio Maspero

Les propuso otra parábola:

—El Reino de los Cielos es como un hombre que sembró buena semilla en su campo. Pero, mientras dormían los hombres, vino su enemigo, sembró cizaña en medio del trigo y se fue. Cuando brotó la hierba y echó espiga, entonces apareció también la cizaña. Los siervos del amo de la casa fueron a decirle: «Señor, ¿no sembraste buena semilla en tu campo? ¿Cómo es que tiene cizaña?». Él les dijo: «Algún enemigo lo habrá hecho». Le respondieron los siervos: «¿Quieres que vayamos a arrancarla?». Pero él les respondió: «No, no vaya a ser que, al arrancar la cizaña, arranquéis también con ella el trigo. Dejad que crezcan juntos hasta la siega. Y al tiempo de la siega les diré a los segadores: "Arrancad primero la cizaña y atadla

125

en gavillas para quemarla; el trigo, en cambio, almacenadlo en mi granero"».

(*Mt* 13, 24-30)

¿POR QUÉ LA CIZAÑA?

Cuando se me preguntó qué parábola querría comentar no lo dudé un instante. Seguro que otras posibilidades hubieran sido mejores: la del hijo pródigo (*Lc* 15, 11-32) toca el corazón y es especialmente significativa para un teólogo; si además ese teólogo es de la Brianza[1], la parábola de los talentos (*Mt* 25, 14-30) o la de las minas (*Lc* 19, 12-27) se presentaban como muy atractivas. Sin embargo, mi decisión ha caído de inmediato en la parábola de la cizaña (*Mt* 13, 24-30.36-43) porque desde que me ordené sacerdote esta historia de Jesús me ha resultado clave.

Esto se debe al hecho de que, a través de la dirección espiritual, un sacerdote entra en el tejido relacional de las personas que se acercan a él. De ese modo, llega al conocimiento de muchas heridas e "injusticias". De forma particular cuando se es joven, se hace fuerte el deseo de "ajustar" la situación y de "hacer limpieza". Por contra, se

---

[1] Región de la Lombardía, en el norte de Italia.

necesita sabiduría para adaptarse a los tiempos de Dios y seguir sus caminos.

Lo ilustro con un ejemplo en el que, obviamente, los datos han sido modificados para preservar la discreción sobre lo que se me confió. Según iba conociendo más a un chico que venía a charlar conmigo, a medida que crecía mi afecto hacia él, me iba dando cuenta de que su problema era que no disfrutaba de un cariño completo por parte de su padre. Yo pensaba que se debía a que algo de esta persona no agradaba a su progenitor, y esto me escandalizaba porque me parecía injusto. Al fin, un día el muchacho me contó la historia de su padre. Era tan dolorosa y traumática que me hizo pensar que era un milagro que este hombre hubiera formado una familia y se hubiera hecho cargo con empeño de sus hijos.

Lo que me interesa, aparte del episodio, es el hecho de que ese juicio de partida propio de un joven sacerdote se movía en la línea de la cizaña: había algo que no funcionaba y me parecía que había que eliminarlo. Al ver la totalidad desde la perspectiva del padre, en cambio, la situación se convertía en algo radicalmente diferente.

La película de 1989 *El club de los poetas muertos* ayuda a comprender el riesgo del que nos protege la parábola de la cizaña de una manera muy concreta y eficaz. Robin Williams interpreta al profesor John Keating, quien a finales de los años cincuenta comienza a dar clases de literatura en un colegio masculino tradicional en el que los métodos originales del nuevo profesor generan reacciones muy positivas entre los alumnos y muy negativas entre sus colegas y la dirección del centro. Lo que siempre me ha impresionado es la dimensión trágica que adquiere la relación del profesor con uno de estos alumnos, Neil Perry, que quería dedicarse al teatro mientras que su padre, que había crecido siendo pobre, se negaba e insistía en que su hijo se hiciera médico. Keating se presenta como quien ayuda al muchacho a ser él mismo a la vez que "arranca la cizaña" pues asume el papel de sustituto del padre del estudiante. Este al final de la película se suicida por no poder seguir su pasión y expulsan al profesor de la escuela. La fuerza trágica de la narración de *El club de los poetas muertos* es aún más significativa hoy por el hecho de que el mismo Robin Williams se suicidara en 2014.

Esta película y mi experiencia de sacerdote joven se ven unidas por el contexto posmoderno donde encuentran su origen. Vivimos en un mundo que se caracteriza por la muerte del "padre" que nos ha dejado como herencia la modernidad. Por este motivo cada vez es más difícil llegar a ser uno mismo y aceptar los límites. De hecho, cualquier padre, profesor o educador corre el riesgo de ser un chivo expiatorio ya que su posición existencial lo transforma fácilmente en símbolo de los límites de lo real que no se quieren afrontar. De ese modo, quien ocupa esa posición en la vida fácilmente termina convirtiéndose en el símbolo de los mismos límites y se pretende "eliminarlo", con la ilusión de que las limitaciones desaparezcan con él. Y ésta es la tragedia, perfectamente conocida en el mundo griego. El Evangelio tiene una solución distinta para nosotros. Y la revela mediante la parábola de la cizaña.

LA NARRACIÓN DE MATEO

Diversas parábolas aparecen en más de un Evangelio, ocho en los tres sinópticos. Lo que me llama la atención es el hecho de que cada Evangelio refiere un cierto número de parábolas que no salen en los demás y que expresan con profundidad el mensaje y el estilo del evangelista que las ha transmitido. Por ejemplo, sólo Lucas cuenta la del hijo pródigo (*Lc* 15, 11-32) y la del buen samaritano (*Lc* 10, 25-37), siendo las dos maravillosas expresiones de la misericordia divina. Por su parte, Juan es el único que narra la del buen pastor (*Jn* 15, 1-8), la del grano que debe morir para vivir (*Jn* 12, 24) y la de la vid y los sarmientos (*Jn* 15, 1-8), todas profundamente teológicas y sacramentales, siguiendo el estilo del cuarto Evangelio.

La parábola de la cizaña aparece únicamente en Mateo, a mitad del capítulo 13, que recoge ocho de las veintiséis parábolas que se cuentan en este Evangelio. Esta es la mayor concentración de este tipo de enseñanzas en los cuatro evangelios: ningún otro capítulo contiene tantas. También por esto esos pasajes pueden ser interesantes de cara el objeto del presente libro.

La razón de la posición peculiar del capítulo 13 se relaciona con la misma intención de Mateo, quien articula su narración en torno a la figura del Reino de Dios. Por eso introduce a Jesús como el nuevo Moisés y su Evangelio como un "nuevo pentateuco", compuesto por cinco discursos conectados entre sí con partes narrativas que demuestran cómo Jesús realiza todo lo que los discursos anuncian. El primero es el sermón de la Montaña (cap. 5-7), que marca la entrada en el Reino de Dios; seguidamente está el discurso de la Misión (cap. 10) sobre la necesidad de anunciar el Reino; en el centro se encuentra el discurso de las Parábolas, en el cap. 13 que nos ocupa; le sigue el discurso de la Comunidad (cap. 18), sobre la vida juntos en el Reino; hasta que llega el discurso sobre el advenimiento futuro del Reino (cap. 24-25), dedicado a la esperanza escatológica. En este engranaje el discurso de las Parábolas desempeña la función fundamental de mostrar el misterio del reino de Dios presente en la vida concreta de quienes acogen el anuncio de Cristo.

Es esencial comenzar con esta perspectiva pues de otro modo se corre el riesgo de malinterpretar el mensaje. Las parábolas no son como los mitos de Hesiodo o las fábulas de Esopo. No se trata de relatos que revisten con una superestructura narrativa una enseñanza moral o teológica. Nos puede ayudar la etimología del término "parábola". En griego viene del verbo *para-ballô*, que significa "poner junto a", es decir, acercar de tal manera que se pueda hacer una elección. Las parábolas son paradójicas porque se han diseñado para romper con la cerrazón lógica de quien escucha y moverle a adoptar una postura respecto al Reino de Dios, es decir, respecto a Jesús que es siempre el protagonista. El verbo *para-ballô* se encuentra en medio de los verbos *sym-ballô* y *dia-ballô*, fundamentales para el Evangelio. El primero es el que indica la acción de María, que custodia y medita en su corazón los hechos de la vida de Jesús de los que, como Madre, es protagonista (*Lc* 2, 19). De ahí la acción de conservarlos juntos de modo que de su mutua conexión surja el significado divino, aparentemente escondido porque es Misterio. Mientras, el segundo verbo es aquel antitético del que deriva el nombre "diablo", es decir, la criatura responsable de toda división y enfrentamiento. En consecuencia, la *parábola* es sustancialmente un juicio que pone en "crisis" a quien escucha, llevándole hacia el origen etimológico de este término, que deriva del verbo griego *krinô* e indica el juicio. Se trata de acoger la lógica de Dios —que reina enviando a su Hijo, que sube a la cruz para redimirnos—, o de oponerse a ese don. Eso se ve de forma inmediata en la narración.

Jesús salió esa mañana de casa hacia Cafarnaum y se puso a enseñar a la orilla del mar de Galilea. A causa de la gran muchedumbre tuvo que subir a una barca de pescadores y desde allí les hablaba como desde una cátedra. Debemos imaginarnos por tanto a la gente distribuida por la orilla, en un anfiteatro natural, atenta al Señor que les habla «de muchas cosas con parábolas» (*Mt* 13, 3). La primera que cuenta es esa paradigmática del sembrador (*Mt* 13, 3-23), que es seguida, como pasa con la de la cizaña, por una explicación reservada sólo a los discípulos. Por medio de ella se introduce la epistemología, el método, de Jesús: presentar una narración que tiene por objeto realidades muy conocidas que están relacionadas con la vida cotidiana de los oyentes pero cuyo significado literal les deja profundamente perplejos porque es paradójico. Para alcanzar el sentido más profundo de lo que dice Jesús es preciso estar dispuesto a recibir la novedad del Evangelio, iniciar un viaje, un éxodo desde las propias categorías, tan limitadas, para entrar en el pensamiento del Padre. Exige confiar en Jesús y en su reino, y por lo tanto en *su* modo de salvarnos.

Así, en el centro del capítulo se ofrece la parábola de la cizaña, que también recibe una explicación más adelante, después de que Jesús haya contado la del grano de mostaza (*Mt* 13, 31-32) y la de la levadura (*Mt* 13, 33), ambas centradas en la lentitud y aparente invisibilidad de la instauración del Reino. Una vez que nuestro Señor ha despedido a la multitud y ha vuelto a casa, sus discípulos le piden que aclare la de la cizaña. Al terminar, cuenta Jesús otras cuatro parábolas breves: el tesoro escondido (*Mt* 13, 44), la perla (*Mt* 13, 45), la red (*Mt* 13, 47-50) y el escriba discípulo del Reino de los Cielos (*Mt* 13, 52).

El Reino de los Cielos, dice Jesús desde la barca, es similar (esta es la acción que indica el verbo *para-balló*) a un hombre que siembra en

133

su campo la buena semilla, literalmente la semilla hermosa. Al igual que en el *Génesis* cuando el Creador, tras haber sacado de la nada todas las cosas mediante su Palabra, las contempla y las declara buenas, es decir, bellas, y tras la creación del hombre y de la mujer, muy bellas. Sin embargo, también como en el *Génesis*, aparece en escena el enemigo. Mientras todos duermen, este esparce la semilla de la cizaña por el campo. El problema está en que la cizaña es una gramínea que se parece al trigo pero que produce una harina tóxica que vuelve incomestible el producto de la cosecha. Siempre el objetivo último del Evangelio es la vida y aquel pan cotidiano que pedimos a Dios cada día en el *Padre nuestro* y que encuentra su respuesta definitiva y desmesurada en la Eucaristía. La cizaña, por tanto, es un falso grano. Y tiene su falsedad en el hecho de que no sustenta la vida sino que causa exactamente el efecto contrario.

Cuando germinan las plantas esa presencia negativa se hace evidente, y aparece la pregunta: «Señor, ¿no sembraste buena semilla en tu campo? ¿De dónde viene la cizaña?» (*Mt* 13, 27). Esta cuestión doble es terriblemente común y concreta, porque ante el mal nos preguntamos en primer lugar si Dios no se habrá equivocado en algo y, en consecuencia, de dónde proviene ese mal. Y esto vale tanto para el mal que está fuera de nosotros como para las limitaciones o males en nuestro interior. La respuesta que da razón de esta presencia inquietante no es la incompetencia del Creador sino la acción de un enemigo. También aquí el significado para el lector es inmediato: hemos sido bien hechos pero cargamos con heridas internas originadas por alguien que no ama nuestra vida.

Tras la pregunta por el origen se presenta la cuestión de qué hacer, auténtico objeto de la narración: «¿Quieres que vayamos a recogerla?» (*Mt* 13, 28). Aquí tiene lugar el salto paradójico pues el Señor no quiere que se recoja ya que hay riesgo de arrancar también el buen grano. El discernimiento tendrá lugar en el momento de la cosecha y se encargarán de ese juicio los agricultores. El grano irá al granero, esto es, al Reino de Dios, y la cizaña será quemada. ¡Pero esta respuesta parece absurda! ¿Qué segadores podrían separar una a una las espigas del grano de las de la cizaña? Pasa como con la parábola de la oveja perdida: ¿quién de vosotros no dejaría noventa y nueve ovejas en el desierto o en la montaña para salir a buscar aquella que se había perdido? (*Mt* 18, 12-14 y *Lc* 15, 3-7). Respuesta: ¡ninguno! ¡Ni que fuéramos tontos! Cuando lleguemos al 50 % quizá nos lo pensamos. En una ocasión se le preguntó a un pastor corso qué hubiera hecho en este caso. Se limitó a responder: «Nada. Para eso están las subvenciones regionales». Comprender que la respuesta que propone Jesús es imposible resulta fundamental pues de otro modo no iniciaríamos el viaje al que nos invita, no entenderíamos la "parábola" que, justamente, une nuestra vida cotidiana con Él. De hecho, nuestros segadores no pueden hacer eso que el Señor dice, pero sus segadores sí. Por esta razón, al igual que sus discípulos, necesitamos la explicación.

De este modo, de la orilla del mar se pasa a la intimidad de la casa, donde Jesús responde a la petición de que explique la parábola de la cizaña (después de haber contado también la del grano de mostaza y la de la levadura). Entonces se aclaran los paralelismos: el hombre que siembra es el Hijo del hombre, esto es, el Mesías, el Cristo; el campo es el mundo; la semilla buena y hermosa son los hijos del Reino, la cizaña los hijos del maligno, es decir, del enemigo; este es el diablo (*diabolos* en griego, ese término que viene de *dia-balló*) y los segadores son los ángeles. Para captar bien el significado es útil acercarse al fondo semita del texto ya que Jesús hablaba en arameo. En esta lengua, como en sirio, para decir "hombre" se sirven de "hijo del hombre": una realidad se indica siempre por la relación con aquello que le ha dado origen. De ese modo, los hijos del Reino son los ciudadanos del Reino de Dios que se han dejado engendrar por Él, mientras que los hijos del maligno son los efectos de la acción del enemigo.

Ahora estamos preparados para enfrentarnos al juicio que se deriva de la parábola: tanto en el mundo como en nosotros existe el mal, pero ¿cómo reaccionamos ante él? ¿Lo arrancamos de raíz haciéndonos responsables de algo que pertenece a Dios, como si Él no supiera hacer bien su trabajo? ¿O nos fiamos de los tiempos de Dios y de su capacidad? ¿Creemos que los ángeles trabajan en la historia, en nuestras vidas, para que se lleve a cabo el Reino de nuestro Señor? ¿Estamos tranquilos porque le pertenecemos?

Estas preguntas son duras. Los apóstoles mismos tropezarán contra ellas y traicionarán al Hijo del hombre, porque salva a Israel de un modo que no responde a sus expectativas. Lo abandonarán mientras la "semilla" divina florece en la resurrección tras ser colocada en la roca del sepulcro. Judas se quita la vida a causa de todo esto. Por su parte, Pedro, que también le ha traicionado, arranca la cizaña de sí y vuelve, decide dejar actuar a Dios. Es muy significativo que Jesús, tras explicar la parábola, pregunte a sus discípulos: «¿Habéis entendido estas cosas?» (*Mt* 13, 51), y reciba una respuesta positiva. Al terminar estas parábolas salió de Cafarnaum (*Mt* 13, 3) y se dirigió a Nazaret, su tierra, donde enseñaba en la sinagoga suscitando sorpresa al ser el hijo del carpintero y de María: «¿De dónde le vienen esta sabiduría y los prodigios?» (*Mt* 13, 54).

Esta pregunta acerca de la sabiduría de Jesús puede introducirnos todavía más en el misterio hacia el que apuntan las parábolas, en especial esta de la cizaña.

Interpretación sapiencial

Así es, las parábolas apuntan hacia la Sabiduría, es decir, al sentido que Dios ha impreso en el mundo y en la historia, sentido que, a pesar de las insuficiencias de nuestras respuestas, nunca perderá fuerza. La Biblia toda, desde su comienzo, es la historia de familias disfuncionales que constantemente traicionan la alianza con el Creador. Él, por toda respuesta, permanece fiel a su promesa y la renueva constantemente metiendo incluso en juego a su Hijo, su Palabra, que se hace carne para salvarnos. Las paradojas que suscitan las narraciones de Jesús buscan que miremos a Su presencia entre nosotros, en nuestras vidas. Él es el Emanuel, el Dios con nosotros, que ha prometido permanecer a nuestro lado todos los días hasta el fin del mundo (*Mt* 28, 20), tal y como cuenta de forma significativa el final del Evangelio de Mateo. Con su dimensión paradójica, la palabra nos lleva, por tanto, a dirigirnos hacia la obra y la presencia de Dios.

Los capítulos que preceden inmediatamente al capítulo 13 revelan este objetivo al presentar la indecisión de las personas que siguen a Jesús. Allí se cuentan las dudas de Juan Bautista (*Mt* 11, 1-6) y el rechazo de parte de la multitud (*Mt* 11, 7-19), en particular en Galilea (*Mt* 11, 20-24), con las acusaciones explícitas que dirigen a nuestro Señor los fariseos y las autoridades religiosas (*Mt* 12, 1-45), hasta la falta de comprensión dentro de su misma familia (*Mt* 12, 46-50). Por tanto, el discurso de las parábolas en el capítulo que estamos analizando, irrumpe en un contexto de duda y de ambivalencia, y se introduce como una cuña en las conciencias de los que escuchan. Estos tienen la posibilidad de cerrarse en su propio pensamiento, dando a las parábolas una lectura "diabólica", o bien pueden abrirse al Señor que viene, dejándose atraer dentro de una lectura "simbólica", como la que hizo María.

Por tanto, con las parábolas de *Mt* 13 Jesús no solo no rebaja los contrastes, sino que los agudiza, y lleva la paradoja al máximo para dejarnos claro que el Reino de Dios no es como nos lo esperamos, no se realiza según la sabiduría del mundo, sino que, propiamente, es de Dios. De este modo, a lo largo del capítulo 13 las narraciones ponen en evidencia el aspecto sorprendente del Reino, al tiempo que otras parábolas colocan en primer plano la subversión de los valores, como ocurre en el caso de los trabajadores de la viña (*Mt* 20, 1-16) o del hombre rico (*Lc* 12, 13-21), y la crisis por la decisión que exige a los hombres tal subversión y novedad, como en la parábola del administrador infiel (*Lc* 16, 1-13), de los viñadores homicidas (*Mt* 21, 33-46) o la de las diez vírgenes en las bodas (*Mt* 25, 31-46).

De hecho, el Evangelio no es solo una doctrina, una ley, una serie de conceptos que explican el mundo, como ocurre con una propuesta filosófica o humana, sino que es el evento del encuentro con Dios, es decir, con el Eterno y el Infinito, que nos toca y abraza en nuestro ser finito y mortal. La sabiduría divina en las parábolas precisamente busca establecer la relación con Jesús, Sabiduría encarnada. Todo hombre, en cuanto creado a imagen y semejanza de Dios, es finito, pero tiene un deseo de infinito. Joseph Ratzinger escribió: «La sed de infinito pertenece a la misma naturaleza del hombre. Más aún, es su misma esencia»[2]. En este sentido, todo ser humano es una "cruz" en sí mismo, porque de forma constitutiva se fundamenta sobre una tensión ontológica. Esto le lleva a buscar su propia plenitud yendo más allá de lo real, creándose ídolos con sus propias manos y con su corazón. Estas son realidades finitas, como el mismo ser humano, sobre las cuales proyectamos nuestro deseo de infinito. Pueden ser el dinero, el bienestar, la salud, el deporte, el éxito social, una relación fuera del matrimonio, las expectativas sobre los propios hijos. Poco cambia. Lo que cuenta es que todas estas construcciones de la mente nos mueven más allá de nuestra realidad concreta. En cambio, Jesús ha venido a ofrecernos Su sabiduría, que nos hace descubrir la presencia del infinito en lo finito, de lo eterno en el tiempo. La plenitud de todo ser humano no se da superando siempre los límites, huyendo de la realidad concreta, sino acogiendo la presencia de Cristo que viene a devolvernos nuestro verdadero rostro. Él nos revela nuestro nombre más auténtico gracias a la relación que se da en lo finito, en la historia real, en la vida cotidiana, con Su Padre. La sabiduría que nos ofrecen las

[2] J. Ratzinger, *Guardare Cristo*, Jaca Book, Milano 2005, p. 15.

parábolas consiste en buscar con Cristo el camino de lo infinito que no está fuera de lo finito, sino precisamente dentro de él.

Volvamos a la parábola de la cizaña y a la experiencia de quien escribe con la que hemos comenzado. ¿Qué ídolo funcionaba en mi indignación ante la injusticia que creía haber reconocido? La respuesta es simple y paradójica, como en las parábolas: el ídolo de la responsabilidad. Obviamente, esta es una cualidad buena. Aún más, hoy faltan personas responsables, capaces de hacerse cargo de los demás. Únicamente se habla de libertad, nunca de responsabilidad. Como indicaba Viktor Frankl, en los EE. UU. deberían construir una Estatua de la Responsabilidad en la costa oeste para compensar la Estatua de la Libertad que han puesto en la del este. Etimológicamente "responsabilidad" significa la habilidad de responder. Y este es el asunto: ¿somos capaces de erradicar las injusticias sin crear otras que quizá sean peores? ¿De verdad tenemos la capacidad de juzgar el origen y los efectos del mal que vemos en nuestras vidas y en las de los demás?

Esta pregunta se la planteó Agustín, para quien su búsqueda existencial se encontraba profundamente marcada por la cuestión sobre del origen del mal. En su juventud se hizo maniqueo, seguidor de una doctrina que afirma la existencia de un principio malvado opuesto al principio bueno, modo por el que explica el claroscuro que percibimos en el mundo como resultado del presunto conflicto entre estos dos principios. Pero escuchando la predicación de Ambrosio en Milán, el futuro obispo de Hipona se convirtió al cristianismo al reconocer que el mal no es una cosa sino sólo la ausencia de bien, del mismo modo en que la oscuridad no es un principio opuesto a la luz sino la mera ausencia de luz o el frío no es un principio opuesto al calor sino la ausencia de calor. Meditando acerca de la historia, Agustín se ha dado cuenta de que Dios no *quiere* nunca el mal, porque Él es el Bien y no puede querer el mal. Pero en Su omnipotencia *permite* el mal porque en Su infinita sabiduría es capaz de *disponer de él*, es decir, de utilizarlo para lograr el bien. Los ejemplos que propone Agustín son muy hermosos: Dios es como un gran músico, capaz de servirse de las pausas, de los silencios que no son sonido, transformándolos en música, colocándolos en la melodía. Del mismo modo, Dios es como un gran pintor que sabe distribuir las sombras, ausencia de luz, de tal modo que hace brillar una parte de la escena que está representando[3]. Basta con pensar

---

[3] S. Agustín, *Genesi alla lettera*, 5, 25.

en los cuadros de Caravaggio. En *La ciudad de Dios* el obispo de Hipona, que murió en el 430 durante el asedio de los vándalos de Genserico, escribió que las dos ciudades, la de Dios y la de los hombres, se encuentran «confundidas y mezcladas la una con la otra» («*perplexae invicemque permixtae*»). No se pueden separar bien porque somos libres. El camino no puede ser nuestro juicio sino el de Cristo.

El pensamiento de este gran Padre de la Iglesia es plenamente actual pues nos defiende de la tentación de arrancar la cizaña llevando nosotros a cabo esta obra de Dios que sólo Él puede realizar. Jesús ha elegido a Pedro y a Judas. Sabe que el corazón del hombre es un campo de batalla y no quiere una Iglesia y una humanidad toda igual. La sociedad de los perfectos es inhumana y es la mayor tentación satánica al reducir todo a un modelo y a una idea. En cambio, Dios confía en nuestros corazones y, con sabiduría, sabe mantenerse en nuestros límites.

Volvamos a un ejemplo cinematográfico que sirva de contraste a *El club de los poetas muertos* con el que hemos comenzado. En la película *El Señor de los anillos*, de modo fiel a la novela, cuando Frodo se da cuenta de que Gollum les sigue desde hace tres días, se lamenta con Gandalf diciendo que es una pena que Bilbo no lo hubiera matado. Y Gandalf responde: «¿Una pena? Ha sido la pena lo que le ha detenido la mano. Muchos de los que viven merecen la muerte y muchos de los que mueren merecen la vida. ¿Tienes capacidad de juzgarlo, Frodo? No tengas prisa en decretar muertes y juicios. Ni siquiera los más sabios conocen todas las salidas. Mi corazón me dice que Gollum todavía tiene una parte que decir sobre el bien o el mal, antes de que termine la historia. La piedad de Bilbo puede decidir el destino de muchos». Como se sabe, será Gollum quien destruya el anillo después de que ni Frodo ni Sam lo hubieran conseguido.

¿Dónde se encuentra el mensaje liberador de la parábola de la cizaña? Para mí consiste en la liberación del ídolo de la responsabilidad. Cuando intentamos hacer justicia creamos otra injusticia. Solo Dios, que es Creador y Padre, puede ser fuente de justicia. Nosotros pensamos y actuamos desde la finitud. Él, en cambio, es don infinito. Nosotros usamos la balanza, Él la cruz. Se trata del mensaje de las bienaventuranzas: no es bienaventurado el que llora porque llora, sino porque hay alguien, el Padre de Jesús, que lo consolará (*Mt* 5, 4). Del mismo modo que quienes tienen hambre y sed de justicia serán bienaventurados porque el Señor los saciará (*Mt* 5, 6). Únicamente Él es «capaz de responder» al deseo de infinito que habita y forma nuestros corazones. Por lo tanto, la parábola de la cizaña nos mueve a rendir las armas de nuestro activismo para confiarnos a la presencia del Resucitado en nuestras vidas y en la historia. Él nos lleva al Padre, de quien surge toda justicia.

De este modo, la parábola es como un test, un juicio, sobre nuestra conversión. La sabiduría se relaciona de modo particular con la segunda conversión. Pedro fue llamado en primer lugar a dejarlo todo y a convertirse en pescador de hombres. Se trata de seguir a Jesús para hacer algo por Él y con Él. Pero más adelante traiciona, abandona al Señor. Podría decirse que se descubre ''cizaña''. Pensemos cuánto le habrá consolado la respuesta de Jesús a su pregunta sobre cuántas veces es preciso perdonar. No siete, sino setenta veces siete (*Mt* 18, 22), le dice el Señor antes de contar la parábola de los dos deudores (*Mt* 18, 23-34). Y este test vale para cualquier lector. Si percibimos que aparece en nosotros una sensación de injusticia porque Dios deja noventa y nueve ovejas en el desierto para buscar sólo una, a la vez que en el Cielo hay más alegría por un pecador arrepentido que por noventa y nueve justos (*Lc* 15, 7). O bien, cuando nos parece absurdo que el jefe pague a los trabajadores que han trabajado sólo una hora lo mismo que

146

a los que se han esforzado durante todo el día desde primera hora de la mañana. Entonces es que en verdad todavía no hemos entrado en el pensamiento de María, todavía somos un poco "diabólicos" y no auténticamente "simbólicos". Pero precisamente para eso están las parábolas, para poner en crisis nuestras teorías y ayudarnos a dirigirnos a Cristo que ha venido a devolver la vista a los ciegos y el oido a los sordos, a curar a los paralíticos y a los leprosos, a resucitar a los muertos. Si no nos vemos enfermos y necesitados de médico, si no nos vemos como un campo de grano donde el enemigo ha sembrado la cizaña, es que todavía no somos sabios ya que aún no nos hemos convertido en mendigos de la salvación.

En práctica...

Lo dicho ha seguido la experiencia sacerdotal y espiritual de quien escribe. Pero pienso que puede tener consecuencias realmente prácticas y concretas para todos. ¿Quién no se ve hoy inadecuado o insuficiente? ¿Qué padres o educadores no se sienten responsables del resultado de las personas que les han sido confiadas? ¿Quién no ha tenido nunca la tentación de limitar la libertad de los demás para asegurarse de que hagan el bien? En una ocasión escuché a un psiquiatra recomendar a los padres que no se sintieran ingenieros sino pastores, pues cada hijo es único y su éxito en la vida depende esencialmente de cómo se disponga ante lo real. Todo hijo, alumno, amigo, es una oveja a la que pastorear, una persona a la que atender, pero sabiendo siempre que Quien verdaderamente es responsable de ellas es sólo Dios, muerto en la Cruz por nosotros. La cizaña permanecerá siempre, para cada uno, en toda vida y en toda historia. Pero Jesús tiene sus ángeles que saben qué hacer. Basta con fiarse de Él, como al final hizo Pedro y como desde el primer momento ha hecho María.

LOS AUTORES

Maurizio Botta se licenció en Administración de Empresas en 1999. En 2000 se incorporó como novicio a la Congregación del Oratorio de San Felipe Neri de Biella, y comenzó sus estudios de Filosofía y Teología en la Facultad de Teología del Norte de Italia. Graduado en Bachillerato de Teología en 2006, ese mismo año se ordenó sacerdote. Actualmente es preceptor del Oratorio Secular y vicepárroco de Santa Maria en Vallicella. Colabora con la Oficina de Catequesis de la Diócesis de Roma.

Sergio Destito lleva dieciséis años trabajando en la Pontificia Universidad de la Santa Cruz donde dirige el área de marketing institucional e imparte clases de Marketing en la Facultad de Comunicación Social e Institucional. Licenciado en Derecho por la Universidad de La Sapienza de Roma, MBA en el Politécnico de Milán.

Mariano Fazio (Buenos Aires, 1960) es sacerdote desde 1991. Licenciado en historia y doctor en filosofía por la Universidad Pontificia de la Santa Cruz. Primer decano de la Facultad de Comunicación Social e Institucional de esta universidad, de la que entre 2002 y 2008 fue rector. Actualmente es vicario auxiliar de la Prelatura del Opus Dei. Autor de más de treinta libros sobre la relación entre cristianismo y modernidad.

Giulio Maspero (1970), sacerdote de la Prelatura del Opus Dei, físico y teólogo, profesor ordinario de Teología dogmática en la Pontificia Universidad de la Santa Cruz. Investiga sobre patrística, dogmática y la relación de la teología con otros ámbitos de conocimiento como la filosofía y la literatura.

Fabio Rosini (1961), sacerdote desde 1991, es director del Servicio a las Vocaciones de la Diócesis de Roma y licenciado en Sagrada Escritura por el Pontificio Instituto Bíblico. En 1993, con un grupo de jóvenes, inició el recorrido sobre el Decálogo y sus Siete Signos del Evangelio de Juan, compartido con muchos sacerdotes de Italia y el resto del mundo. Imparte cursos de Biblia y transmisión de la fe y de predicación homilética en la Universidad Pontificia de la Santa Cruz.

Serafino Tognetti (1960) se licenció en Ciencias agrarias y a los veinticinco años entró en la Comunidad monástica de Settignano (Florencia). En 1990 fue ordenado sacerdote. Entre 1995–2009 fue superior general de la Comunidad y primer sucesor de Divo Barsotti. Colaborador de Radio María, ha predicado ejercicios espirituales por toda Italia.

Ilaria Vigorelli es doctora en filosofía y teología. Ha estudiado en Milán, Roma y Oxford. Sus estudios se centran en la metáfora y el discurso filosófico y en la transformación de las categorías metafísicas griegas en la teología de los primeros siglos del cristianismo. Es profesora de Teología dogmática en la Pontifica Universidad de la Santa Cruz.

ESTE LIBRO, PUBLICADO POR
EDICIONES RIALP, S. A.,
MANUEL URIBE, 13-15, 28033 MADRID,
SE TERMINÓ DE IMPRIMIR
EN ARTES GRÁFICAS ANZOS, S. L.,
FUENLABRADA (MADRID),
EL DÍA 26 DE FEBRERO DE 2025.